Liebe auf den ersten Blick

Liebe auf den ersten Blick

Warum wir lieben, wen wir lieben

SUZI MALIN

DK
Dorling Kindersley

DORLING KINDERSLEY
London, New York, Melbourne,
München und Delhi

*Meiner Mutter, meinem Mann
und zwei Kindern in Liebe gewidmet*

Projektbetreuung Diana Rayner
Gestaltung Jo Grey
Cheflektorat Gillian Emerson Roberts
Chefbildlektorat Karen Sawyer
Programmleitung Mary-Clare Jerram
DTP-Design Sonia Charbonnier
Bildrecherche Melanie Watson
Herstellung Joanna Bull

Bibliografische Information Der Deutschen Bibliothek
Die Deutsche Bibliothek verzeichnet diese Publikation in der Deutschen Nationalbibliografie; detaillierte bibliografische Daten sind im Internet über http://dnb.ddb.de abrufbar.

Titel der englischen Originalausgabe:
Love At First Sight

Übersetzung Maria Glück, Barbara Goldmuth
Redaktion Cornelia Hanke

ISBN 3-8310-0576-1

Colour reproduction by Colourscan, Singapore
Printed and bound in Italy by Graphicom

Besuchen Sie uns im Internet
www.dk.com

Inhalt

Wie alles begann

Man könnte annehmen, dass ein gemaltes Porträt und eine Porträtfotografie auf das Gleiche abzielen, nämlich Ähnlichkeit mit dem Portätierten. Es gibt jedoch einen wichtigen Unterschied: Ein Maler kann einen bestimmten Ausdruck der Augen auswählen und ihn mit einem Ausdruck des Mundes kombinieren, den er zu einem ganz anderen Zeitpunkt gesehen hat. So vermittelt er bestimmte Eigenschaften, die er am Modell wahrnimmt, etwa Weisheit, Freundlichkeit oder Bescheidenheit. Auf diese Weise kann ein Maler mit einem einzigen Bild vielschichtige Informationen über einen Menschen vermitteln – und der Betrachter glaubt fast, das Modell zu kennen. Ein Fotograf fängt den Ausdruck von Mund und Augen gleichzeitig ein und hält so einen realen Augenblick fest. Genau da liegt der Unterschied: Ein Foto bildet die Realität ab, während ein Gemälde eine Interpretation der Realität ist.

Mit den Fotos anderer Menschen zu arbeiten ist fast wie der Umgang mit *Objets trouvés* – gefundenen Gegenständen. Der französische Künstler Marcel Duchamp (1887–1968) arbeitete damit. Er schuf nichts Neues, seine Kunst bestand vielmehr in der Neuinterpretation dieser Gegenstände. Die Fotos in diesem Band sind ebenfalls solche Fundstücke. Sie sind folglich nicht für meine Zwecke gestaltet oder unter optimalen Lichtbedingungen aufgenommen worden. Die Aufnahmen wurden von anderen gemacht und von mir so zerschnitten und zusammengesetzt, dass eine neue, einzigartige Einheit daraus entstand und sie ein Eigenleben entwickelten.

MEIN KÜNSTLERISCHER HINTERGRUND

Meine Spezialität sind Männer-Porträts. Fast mein ganzes Leben habe ich damit verbracht, in einem Studio zu sitzen, zu beobachten und zu malen. Ich habe versucht, das Geheimnis eines Gesichtes zu entschlüsseln und in seine ungeahnten Tiefen vorzudringen. Jedes Gesicht birgt einen Rhythmus aus physischen Ähnlichkeiten, genetischen Mustern und mathematischen Formeln. Immer bemühe ich mich um einen Einblick in das Innenleben des Portätierten, um den Menschen besser abbilden zu können. Ich treffe mich mit seiner Frau, denn dadurch erhalte ich oft Zugang zum Menschen hinter der Fassade, dem »Kind im Mann«. Mein Modell stellt mir Fotos von seinen Eltern zur Verfügung, vor allem von seiner Mutter. Das ist wichtig, damit ich erkennen kann, wie viel von seinem Gesicht er »geerbt« hat und wie viel von ihm selbst, seiner Umgebung und seinen Erfahrungen geformt wurde. Vor einigen Jahren fiel mir ein Zusammenhang auf: zwischen bestimmten Zügen im Gesicht meines Modells und der Partnerin, die er gewählt hatte. Mir wurden die Formen und Proportionen im Gesicht seiner Frau, im Gesicht der Mutter und in seinem eigenen Gesicht bewusst. Es fügte sich alles wie Puzzleteile zusammen, und von da an ahnte ich bereits, wie die Frauen der nächsten Modelle aussehen würden, bevor ich sie kennen lernte. Der Charakter eines Menschen zeigt sich meistens in den Augen, die Natur eher um den Mund. Gesichter lügen nicht, und man kann vieles aus ihnen lesen. George Orwell meinte, wenn wir 40 sind, könnte man in unserem Gesicht lesen wie in einem Buch. Doch als Künstlerin stehen mir die früheren Kapitel dieses Buches – die emotionale und familiäre Vergangenheit – nicht zur Verfügung. Dafür bin ich auf Hochzeitsfotos meiner Modelle und Bilder von den Eltern angewiesen.

DER BEGINN DER REISE

Wärend meiner Zeit auf der Londoner *Slade School of Fine Art* begann ich auf Anregung des Malers Lucian Freud, additiv zu malen. Ich tastete das Gesicht des Modells ganz langsam ab und erfasste jedes Detail, bevor ich zum nächsten überging. Wenn ich die Modelle näher kennen lernte und Zugang zu ihrer Persönlichkeit und ihrem Charakter erhielt, war ich fasziniert davon, wie ihr Gesicht dies alles ausdrückte. Für mich ist jedes Gesicht wie eine Landschaft, und ich erforsche jeden Zentimeter davon, wenn mein Blick über die Hügel und Täler wandert. Jeder Gesichtszug trägt eine Bedeutung in sich, und indem ich alles einzeln zusammentrage, verstehe ich besser, wodurch jeder Mensch so faszinierend und einzigartig wird. So entdeckte ich schließlich die drei visuellen Anziehungsmuster: Harmonie, Echo und Prima copula.

DER MOMENT DER WAHRHEIT

Ich konnte ihn nicht hören. Ich konnte ihn nicht riechen. Ich konnte ihn nur sehen. Aus über 25 Meter Abstand quer durch einen Raum voller Menschen verliebte ich mich. Es gibt keinen Augenblick, der mein Leben stärker verändert hätte. Wir heirateten genau vier Wochen nach unserem ersten Treffen. Das liegt schon 20 Jahre zurück. Warum er? Warum ich? Was zog mich zu ihm hin? Ein blitzschnelles Erkennen? Eine ganz spezielle Verbindung? Vielleicht ist der Zauber der Liebe doch kein Geheimnis, sondern das Wirken visueller Kräfte. Vielleicht wird uns die Wahl des Partners in die Wiege gelegt.

Die Suche nach Liebe

Mit dem Wort Liebe werden die unterschiedlichsten Bedeutungen verknüpft. Der Satz »Ich liebe dich« kann für jeden etwas anderes bedeuten. »Liebe« umfasst die bedingungslose Liebe der Eltern zu ihrem Kind, Sentimentalität, bloße Gewohnheit, Leidenschaft, körperliche Sehnsucht, emotionale Abhängigkeit und vieles mehr.

Zwar heißen meine drei visuellen Typen »Anziehungsmuster«, doch könnte ich sie ebensogut »Liebesmuster« oder »Beziehungsmuster« nennen. Schließlich ist es nur menschlich, zu hoffen, die anfängliche Anziehung möge der Beginn einer bleibenden Liebe sein.

Wie oft haben Sie schon ein Paar gesehen und sich gefragt, was die beiden aneinander finden? Die drei visuellen Anziehungsmuster, die in diesem Buch vorgestellt werden, sind ein Erklärungsversuch, was man im anderen sehen kann. Doch bitte vergessen Sie nicht, dass die optische Anziehung immer nur der Ausgangspunkt einer Verbindung ist. Entscheidend für eine funktionierende und längerfristige Partnerschaft sind außerdem Persönlichkeit, Charakter, Aufrichtigkeit, Charme, Sinn für Humor, sexuelle Anziehung und viele weitere Eigenschaften und Verhaltensmuster. Es wäre dumm, etwas anderes anzunehmen (oder gar zu hoffen).

Auf keinen Fall will dieses Buch den Gedanken nahelegen, eine erfolgreiche Beziehung würde sich automatisch einstellen, sobald ein Paar zum Harmonie-, Echo- oder Prima-copula-Typ gehört. Doch wenn wir uns dieser Muster bewusst sind und sie wahrnehmen, kommen wir vielleicht den optischen Auslösern der Anziehung auf die Spur, die zur Liebe führen können.

Meine Untersuchung hat ergeben, dass die drei visuellen Anziehungsmuster für alle Menschen zutreffen, egal ob sie jung oder alt sind, dick oder dünn, schön oder unscheinbar, homo- oder heterosexuell. Für jeden gibt es ein physiognomisches Pendant, das darauf wartet, seinem Gegenstück zu begegnen.

Als Künstlerin lasse mich auch vom Instinkt leiten. Ich bin keine Psychologin oder Anthropologin, dennoch führten mich meine Studien zur visuellen Natur der Anziehungskraft zu der Überlegung, ob nicht ein Zusammenhang mit bestimmten Verhaltensaspekten in der Liebe bestehen könnte. Hat möglicherweise das visuelle Muster, nach dem eine Frau einen Mann anzieht, einen Einfluss darauf, welche Art von Liebe er später für sie empfindet? Mit anderen Worten: Richtet sich die Art, wie jemand geliebt wird, danach, auf welche Weise die Partner einander am Anfang angezogen haben? Nehmen Männer und Frauen unterschiedliche Rollen an, je nachdem, nach welchem visuellen Muster die Liebe entstand? Diese Fragen werden mich weiter beschäftigen.

Viele Menschen finden eine glückliche Liebe auf ganz anderen Wegen als der visuellen Anziehung. Sie teilen vielleicht eine Leidenschaft für die Ornithologie, interessieren sich beide für Musik oder suchen gemeinsame intellektuelle Herausforderungen. So eine »rationale« Liebe entsteht auf der Basis von Herzlichkeit und Freundschaft. Sie beginnt eher langsam und entwickelt sich kontinuierlich, doch sie kann ebenso stark sein wie eine Liebe, die aufgrund optischer Anziehung entstand (siehe Seite 11: Wachsende Zuneigung).

DIE THEORIE DER ANZIEHUNGSMUSTER

Ich malte gerade ein Porträt der verstorbenen Prinzessin Diana. Immer wenn ich meinen Blick von der Leinwand auf meine Palette richtete, fiel mir ein Bild von Prinz Charles ins Auge, der mich von der Titelseite einer alten Zeitung anblickte. Das passierte so lange, bis die beiden Gesichter nach einer Weile zu verschmelzen schienen.

Die Ähnlichkeit, die mir zwischen Charles und Diana aufgefallen war, ließ mich weitere Paare untersuchen – in der Hoffnung, ein Muster zu entdecken. In all den Jahren habe ich zahllose Porträts gemalt. Meine Fotos dieser Bilder sowie meine eigene Fotosammlung boten mir Gelegenheit, Tausende Bilder von Gesichtern, besonders Nasen, Augen und Mündern, zu zerschneiden, zu vergleichen und zu analysieren. Ein deutliches Muster fiel mir auf, und so entstand die erste Kategorie: Das Harmonie-Paar, bei dem die verschiedenen Gesichtsbereiche der Partner ähnlich proportioniert sind, jedoch nicht die gleiche Form haben.

Etwas später fiel mir in einer Zeitung ein Foto auf, das die Überschrift trug: »Wer ist das?«. Das Bild zeigte eine Frau, die einen Kinderwagen schiebt. Ich erkannte sofort Camilla Parker Bowles als junge Frau. Aber ich hatte mich geirrt. Es war ein Bild von Mabel Anderson, dem Kindermädchen von Prinz Charles, mit Anfang zwanzig – also ungefähr in dem Alter, in dem Camilla Charles kennen lernte. Viele Menschen haben sich gefragt, wie einer der begehrtesten Männer der Welt, verheiratet mit einer der bezauberndsten Frauen der Welt, eine andere lieben konnte. Vielleicht war die Antwort auf diese Frage in seiner frühen Kindheit zu suchen. Ich wusste, dass Sigmund Freud die erste, frühkindliche Bindung an eine Bezugsperson untersucht hatte. Diese komplexe und komplizierte Beziehung wirkt sich auf alle folgenden Beziehungen aus. Sofort war ich von der Möglichkeit angetan, dass diese erste emotionale Bindung in späteren Jahren durch einen visuellen Reiz erneut ausgelöst wird. Nachdem ich viele weitere Paare daraufhin untersucht hatte, war die zweite Kategorie gefunden: das Prima-copula-Muster, bei dem sich ein Mensch zu einem potenziellen Partner hingezogen fühlt, der seiner ersten Bezugsperson ähnelt.

Die dritte Kategorie war weitaus schwieriger zu finden. Mir war bereits klar, dass manche Partner fast gleich aussahen, aber es war schwer zu sagen, wo die Ähnlichkeit festzumachen war. Nachdem ich Hunderte von Paaren analysiert hatte, bei denen die Partner sich ähnlich sahen, fand ich zu meiner Überraschung heraus, dass immer die gleichen drei Gesichtspartien für ihre Ähnlichkeit entscheidend waren: Formen, die sich wie ein Echo im Gesicht des anderen wiederfanden. So entstand der Echo-Typ, das dritte und am weitesten verbreitete visuelle Anziehungsmuster.

***Optische Anziehung** ist nur der Ausgangspunkt für eine Liebesbeziehung. Aufrichtigkeit, Humor und **weitere Eigenschaften sind nötig**, damit sie hält.*

Die drei visuellen Anziehungsmuster

HARMONIE Proportion
Bei diesem Anziehungsmuster haben die Partner ähnliche Gesichtsproportionen. Das heißt, die Abstände zwischen Stirn und Nasenwurzel, zwischen Nase und Mund sowie zwischen Mund und Kinn stimmen in etwa überein. Die Anziehung beruht auf unbewussten geometrischen Gemeinsamkeiten. Bei gleichen Proportionen ähnelt sich auch die Kopfform. Solche Harmonie-Partner müssen sich aber keineswegs ähnlich sehen, es sei denn, es liegen zusätzlich Echo-Elemente vor.

ECHO Form
Hier sehen die Partner einander ähnlich. Die Ähnlichkeit entsteht durch die übereinstimmenden Formen von drei Gesichtsmerkmalen: Das obere Augenlid (mit dem Wimpernbogen), die Oberlippe (am oberen Rand der Lippe) und die Augenbrauen (nicht Ober- oder Unterkante, sondern der Brauenbogen insgesamt). Ausschlaggebend ist nicht die genaue Größe dieser Merkmale, sondern die übereinstimmende Form. Es spielt also keine Rolle, ob etwa die Lippen voll oder schmal sind. Mit den Jahren werden sie ohnehin schmaler. Die besten Echo-Partner sind jene, bei denen alle drei Merkmale übereinstimmen. Bereits zwei können die Anziehung auslösen, aber sie kann dann schwächer sein.

PRIMA COPULA Erste Bindung
Bei diesem Muster fühlt sich ein Mensch zu jemandem hingezogen, der Ähnlichkeit mit seiner ersten Bezugsperson hat. Bei Männern ist das fast immer die Mutter oder eine andere nahe Verwandte, eventuell auch das Kindermädchen, bei Frauen der Vater oder ein anderer naher Verwandter. Hier sind Gesichtsproportionen und -formen irrelevant, die Ähnlichkeit zeigt sich im Gesamteindruck. Bei den beiden ersten Mustern ist die Anziehung oft gegenseitig, da jeder im Gesicht des anderen unterbewusst die gleichen Proportionen oder Formen wahrnimmt. Bei Prima-copula-Liebe entsteht die Verliebtheit beim Objekt der Begierde meist erst allmählich, bei Männern viel seltener als bei Frauen.

WENN ALLES ZUSAMMENPASST
Kann wirklich alles zusammenpassen? Die Antwort lautet: Ja! Denn es gibt Paare, bei denen alle drei visuellen Anziehungsmuster zutreffen. Wenn etwa die Partnerin eines Mannes Ähnlichkeit mit seiner Mutter hat, also mit seiner ersten frühkindlichen Bindungsperson, und es außerdem zwischen den Partnern Harmonie- und Echo-Elemente gibt, also Übereinstimmungen in den Gesichtsproportionen und -formen, dann passt auf der visuellen Ebene wirklich alles zusammen. Moderne Konzeptionen von Sexualität können zum Verständnis der ersten Bindung und dieser umfassenden Anziehung beitragen.

__Beim Malen von Männerporträts__ kam ich zu der Erkenntnis, dass sich die __Gesichtszüge__ der Männer offensichtlich auf __die Wahl ihrer Partnerin__ auswirkten.

WIE WIR UNS VERLIEBEN

Es wurde schon viel darüber geforscht, worauf die Anziehung zwischen Frauen und Männern beruht und warum wir uns verlieben. Man ist sich einig, dass Männer sich zunächst in den Anblick einer Frau verlieben. Bei Frauen dagegen kann sich die Anziehung auch später entwickeln.

Zwar spielen die körperliche Anziehung und die Ausstrahlung auch für Frauen eine wichtige Rolle, doch für Männer sind sie von weit größerer Bedeutung – zumindest im frühen Stadium einer Beziehung. Ein Mann kann eine Frau auch attraktiv finden, ohne dass er sie näher kennen lernen möchte oder bereit wäre, mit ihr eine tiefere Beziehung einzugehen. Die anfänglichen optischen Reize sind bei Männern also nur ein Sprungbrett, von dem aus sich mit der Zeit eine Beziehung entwickeln kann. Bei vielen Frauen kann die Art, wie ein Mann sie behandelt und wie er auf sie reagiert, das richtige emotionale Klima schaffen, in dem sich dann eine körperliche Anziehung entwickelt.

Die Sozialpsychologin Ayala M. Pines hat die unterschiedlichen Arten des Verliebens bei Männern und Frauen genau untersucht. In ihrem Buch *Falling in Love* bietet sie folgende Erklärung: »Zwischen den Geschlechtern gab es einen entscheidenden Unterschied. Die Männer fühlten sich am Anfang öfter vom Erscheinungsbild angezogen und erst danach befassten sie sich mit der Persönlichkeit der Frau. Die Frauen spürten hingegen häufig gar keine Anziehung. Die Anziehung stellte sich erst ein, nachdem sich eine freundschaftliche Beziehung mit emotionaler Intimität entwickelt hatte. Um es deutlich zu sagen: Bei Männern führte die körperliche Anziehung zur Beziehung, bei Frauen führte die Beziehung zur körperlichen Anziehung.«

Das nicht-visuelle Muster

WACHSENDE ZUNEIGUNG

Neben den visuellen Anziehungsmustern gibt es auch eine Form der Anziehung, bei der es nicht um optische Faktoren geht. Das soll selbstverständlich nicht heißen, dass die Partner nicht attraktiv wären, sondern bedeutet nur, dass ihr Aussehen für die Verbindung nicht entscheidend ist.

Die Gesichter der Paare dieses Typs zeigen keinerlei Übereinstimmung, weder in Bezug auf die Formen der Gesichtspartien noch auf die Proportionen. Auch eine Ähnlichkeit mit der ersten Bezugsperson des anderen ist nicht vorhanden. Die Anziehungskraft der wachsenden Zuneigung beruht auf Herzlichkeit und Freundschaft. Diese Liebe braucht Zeit, um sich zu entwickeln, was im frühen Stadium ganz unbemerkt vor sich gehen kann. Doch irgendwann wird dem Paar allmählich klar, dass der andere vielleicht der Richtige sein könnte.

Diese Zuneigung basiert oft auf gemeinsamen Interessen oder Lebensstilen – einem Hobby, dem Beruf, politischem oder religiösem Engagement –, und sie ist insgesamt »rationaler« als die Anziehung nach den visuellen Mustern. Im Gegensatz zur spontanen visuellen Anziehung ist ihr Fundament meist fest in der Realität verwurzelt.

Auf diese Weise finden oft zwei Menschen zusammen, die die gleichen Ziele und Hoffnungen haben. Der Horizont solcher Partner stimmt überein, und so finden sie zu Hause einen starken Rückhalt, können sich den praktischen Dingen des Lebens widmen und die Hürden des Alltagslebens überwinden.

Einige abschließende Worte

LIEBE IST ...

Die Liebe ist längst ein Bestandteil unserer populären Massenkultur. Als eigener Wirtschaftszweig wäre sie mit Sicherheit das erfolgreichste Unternehmen aller Zeiten. Zeitschriften, Filme und Bücher leben von dem Thema. Die Liebe begegnet uns auf Schritt und Tritt.

Doch der Erfolg einer Beziehung hat nicht einfach nur mit dem Geben und Empfangen von Liebe zu tun. In harten Zeiten ist es hilfreich, sich daran zu erinnern, dass die Liebe am besten in einem Klima des Vertrauens und des gegenseitigen Respekts gedeiht. Doch wie groß die anfängliche Anziehung auch immer ist und wie stark die sich entwickelnde Liebe auch sein mag – niemand kann vorhersehen, wie sich eine Beziehung entwickeln wird. Manche Paare halten den stärksten Stürmen stand, andere scheitern schon an der allerkleinsten Sünde. Die Last des Starrummels ist für Sie vielleicht kein Thema, doch für Paare, die im Rampenlicht stehen, kann sie eine schwere Bürde sein.

DAS AUSSEHEN VERÄNDERN

Viele Menschen lassen ihr Gesicht durch plastische Chirurgie oder kosmetische Behandlung verändern, weil sie mit ihrem Aussehen unzufrieden sind oder den Alterungsprozess aufhalten wollen. Doch kann sich das nicht auch auf die Reaktionen derer auswirken, die wir anziehen möchten?

Dieses Buch handelt davon, dass das Gesicht unsere Vergangeheit und Gegenwart widerspiegelt. Jemand fühlt sich zu uns hingezogen, weil er unbewusst diese Spuren wahrnimmt. Schönheitsoperationen können das Gesicht so weit verändern, dass es nicht mehr unsere wahre Persönlichkeit widerspiegelt. Die Operation eines Gesichtsmerkmals verändert meist auch die angrenzenden Partien, und durch solche Veränderungen können noch weitere Details verloren gehen, die das individuelle Aussehen bestimmen. So kann etwa eine Nasenoperation die inneren Augenwinkel und die Augenumgebung verändern. Das wirkt sich natürlich auch auf das Gesamtbild der Augen aus. Manchmal werden auch mehrere Stellen auf einmal operiert, wodurch gleich mehrere Gesichtspartien plötzlich anders aussehen. Das kann dazu führen, dass man gar nicht mehr in der Lage ist, mittels einer unbewussten Deutung des Gesichts die individuelle, einzigartige Identität eines Menschen zu erkennen. Dadurch bekommt der aktuelle oder mögliche Partner ein falsches Bild.

Operativ veränderte Gesichtszüge wirken sich auf die drei visuellen Anziehungsmuster unterschiedlich aus. Bei Harmonie-Partnern verändert sich nicht viel, sofern die Knochenstruktur nicht verändert wurde. Als Echo-Partner sollten Sie jedoch daran denken, dass es ein klarer Vorteil ist, wenn Ihr Gesicht nicht dem herrschenden Schönheitsideal entspricht. Je weniger das natürliche Aussehen verändert wurde, desto leichter ist es für das Unterbewusstsein, die Echo-Elemente in einem Gesicht zu identifizieren.

Eine operative Veränderung an den Seiten des Gesichts wirkt sich meist nicht auf die Gesichtsmitte aus. Ein Lifting an Hals oder Doppelkinn oder das Anlegen abstehender Ohren beeinflusst also normalerweise nicht den ersten Eindruck. Das Gleiche gilt für Operationen, bei denen nur eine kleine Narbe oder ein Muttermal entfernt wird.

__Das Gesicht__ spiegelt unsere Vergangenheit und Gegenwart wider. Was an __unserem Gesicht__ bringt den anderen dazu, uns zu lieben?

EINANDER BEOBACHTEN

Überall auf der Welt gibt es Straßencafés, und man kann dort viele unterhaltsame Stunden damit zubringen, einfach nur die vorbeigehenden Menschen zu betrachten.

Durch Ihre Kenntnis der visuellen Anziehungsmuster können Sie bei diesem Zeitvertreib jetzt zusätzlich zum Spaß damit experimentieren. Welche zwei Menschen würden wohl zusammenpassen? Und welcher Kategorie mag ein vorübergehendes Paar angehören? Dabei ist es natürlich unmöglich, die Wahrscheinlichkeit einer Prima-copula-Beziehung festzustellen, wenn man nur das Paar vor sich hat. Sollten Sie die beiden jedoch bei einem Familientreffen beobachten können, kann es faszinierend sein, der Art ihrer Beziehung auf die Spur zu kommen und vielleicht die Ähnlichkeit mit der Schwiegermutter zu entdecken.

Noch schwieriger ist es meist, ein Harmonie-Paar zu erkennen. Wenn man nicht gerade in dieser Richtung ausgebildet ist, ist es nicht leicht, Gesichtsproportionen abzuschätzen, während man in einer Bar sitzt oder auf den Zug wartet. Beim Betrachten dieses Buches werden Sie bemerken, dass ich oft Informationen zu weiteren übereinstimmenden optischen Faktoren bei einem Paar ergänzt habe, die über die Merkmale der Formen und der Proportionen hinausgehen. Das kann helfen, Ihren Blick zu schulen und die grundlegenden Kriterien für eine Verbindung zu erkennen. Sobald Ihnen das gelungen ist, ist es relativ einfach, auch noch weitere Übereinstimmungen bei einem Paar zu finden. Die bei weitem größte Gruppe bilden die Echo-Paare, und sie sind auch zweifellos am leichtesten zu erkennen. Denken Sie daran, dass mindestens zwei der drei Merkmale übereinstimmen müssen und dass die Größe der Merkmale nicht ausschlaggebend ist.

Während der Recherche für dieses Buch sind mir in Magazinen und Zeitschriften unzählige Prominentenpaare aufgefallen, die in die Echo-Kategorie gehören. Viele davon finden Sie im Buch wieder, weil sie die Echo-Partnerschaft so deutlich illustrieren. Die Promi-Paare sorgen anscheinend für unendliche Faszination: Wie sie leben, was sie tun und warum sie zusammen sind, ist ein spannendes Lesevergnügen. Wenn wir nichts über das Leben dieser Paare wüssten, wäre es nicht annähernd so interessant, auf welches Paar welches Anziehungsmuster passt.

Wir neigen dazu, nur das zu sehen, was wir sehen wollen. Mithilfe der Fotografie lässt sich genau betrachten, was man sonst nicht sieht, und man kann sich auf Gesichter konzentrieren, die aus der gleichen Perspektive aufgenommen sind. Um die Anziehung in einer Beziehung zu erklären, zu bestreiten oder zu rechtfertigen, kann ein ganzes Buch nötig sein. Doch schon ein einziges Foto kann alles enthüllen.

Harm

onie

Wenn sich jemand zu einem Harmonie-Partner hingezogen fühlt, stehen die Chancen gut, dass die Anziehung auf Gegenseitigkeit beruht, denn beide Partner haben ähnliche Gesichtsproportionen.

Harmonie-Paare

Die Gesichtsproportionen der beiden Partner gleichen sich. Verantwortlich dafür ist die Form der Schädelknochen. Partner mit übereinstimmenden Proportionen können ganz unterschiedlich aussehen, deshalb sind diese Paare auf den ersten Blick nicht leicht zu erkennen.

Gleiche Proportionen

Eine Verbindung vom Harmonie-Typ entsteht, wenn jemand sich unbewusst mit einem Partner zusammentut, dessen Gesicht ähnliche Proportionen wie seines aufweist. Man findet das Aussehen des anderen anziehend und fühlt sich gewissermaßen körperlich kompatibel. Menschen, die diesem Anziehungsmuster folgen, ergänzen sich meist: Sie schöpfen Kraft und Selbstvertrauen aus der Gegenwart des Partners.

Für unsichere Menschen ist ein Partner, in dessen Nähe sie sich unbefangen bewegen können, besonders wichtig. Viele Prominente, die sich durch ihren Status einsam oder isoliert fühlen, wählen Harmonie-Partner. Prominente Paare finden sich oft nach ästhetischen Gesichtspunkten zusammen und harmonieren auch gut in ihrem gemeinsamen sozialen Umfeld.

Harmonie-Beziehungen funktionieren bei den meisten Paaren sehr gut, sind aber auch besonders gefährdet, weil die Beziehung ursprünglich auf rein Äußerliches gegründet ist. Das Aussehen verändert sich, und wenn es den Partnern nicht gelingt, auch ihre inneren Werte zu erkennen, wird die Liebe nach einigen Jahren erkalten. Im besten Fall stehen die Paare gerade nicht im Rampenlicht, wenn solche Beziehungsprobleme auftauchen.

Viele Frauen in Harmonie-Beziehungen legen ganz besonderen Wert auf ihr Äußeres und fürchten sich vor dem Altern (die Kosmetikindustrie profitiert von diesem Anziehungsmuster). Zahlreiche Frauen, die von ihren Männern als Statussymbole angesehen werden, gehören in diese Kategorie. Mit der Zeit wird ihnen oft bewusst, dass sie einsam sind oder dass ihnen irgendetwas fehlt. Vielleicht erwidert ihr Partner ihre Gefühle nicht so, wie sie es sich wünschen. Sie leben zwar mit jemandem zusammen, sind aber dennoch die meiste Zeit allein. Solche Harmonie-Beziehungen sind dann ausgesprochen unterkühlt.

Paare mit übereinstimmenden Proportionen bleiben gelegentlich noch längere Zeit zusammen, obwohl ihre Beziehung eigentlich schon beendet ist. Bei Prominenten wird so eine Partnerschaft oft von den Medien künstlich in die Länge gezogen, weil die Beteiligten einfach als »Traumpaar« gelten und man sich nicht gerne von diesem Bild verabschiedet. Vielleicht basiert eine derartige Verbindung auch eher auf Gewohnheit als auf Freundschaft.

Auf den folgenden Seiten geht es um verschiedene prominente Harmonie-Paare, die jahrelang auf Schritt und Tritt von der Presse beobachtet und abwechselnd umjubelt und bloßgestellt wurden. Einige der Frauen leben schon lange mit dem Starrummel und sind manchmal gezwungen, die dramatischsten Momente ihrer Beziehung mitten im Rampenlicht zu durchleben. Es kommt vor, dass sie in aller Öffentlichkeit über ihren Partner herziehen, und bei Enttäuschungen können die Gefühle extrem hochkochen. In der Fantasie der Öffentlichkeit kann der Zauber einer solchen Beziehung noch lange anhalten, auch wenn er im realen Leben vielleicht schon längst verflogen ist.

*Viele Frauen in **Harmonie-Partnerschaften** legen ganz besonderen Wert auf ihr Äußeres und fürchten sich vor dem Altern.*

Hätte die Ehe von Charles und Diana funktionieren können?

Charles und Diana

Im Jahr 1980 lernte Prinz Charles (auf Drängen seiner Großmutter) Lady Diana Spencer kennen, eine Enkelin einer Freundin der Familie. Sie trafen sich bei einem gemeinsamen Bekannten, und Diana sprach den Tod von Charles' Onkel Lord Mountbatten an. Charles hatte ihm sehr nahe gestanden, und es musste für den Prinzen ein schwerer Schlag gewesen sein, als Mountbatten ein Jahr zuvor bei einem Bombenanschlag der IRA getötet worden war.

Charles, der von Natur aus sensibel und idealistisch ist, begeisterte sich im Laufe dieses vertraulichen Gespräches für Diana. Ein Jahr später gab der Prinz von Wales seine lange erwartete Verlobung mit Lady Diana Spencer bekannt und machte damit den endlosen Spekulationen über seine Partnerwahl in der Presse und der Öffentlichkeit ein Ende.

Drei Jahre später hatten Charles und Diana getrennte Schlafzimmer, nahmen öffentliche Termine nicht mehr zusammen wahr und führten jeder sein eigenes Leben. Ihre Scheidung im Jahr 1996 war der traurige Nachhall der Märchenhochzeit. Obwohl Diana sich vom schüchternen und etwas biederen Teenager zu einer der bezauberndsten Frauen der Welt gemausert hatte, stellte sich schnell heraus, dass Charles' Liebe zu Camilla Parker Bowles stärker war als die zu seiner Frau (siehe Seite 115–122).

Die Grafik auf der gegenüberliegenden Seite zeigt, dass die Gesichter von Charles und Diana die gleichen mathematischen Proportionen aufweisen. Die Gesichtshälfte Dianas auf der linken Seite enthält ebenso viele Quadrate wie die Gesichtshälfte von Charles auf der rechten Seite. Wenn jedes Quadrat eine Note wäre, würden sie die gleiche Melodie spielen – optisch herrscht hier völlige Harmonie.

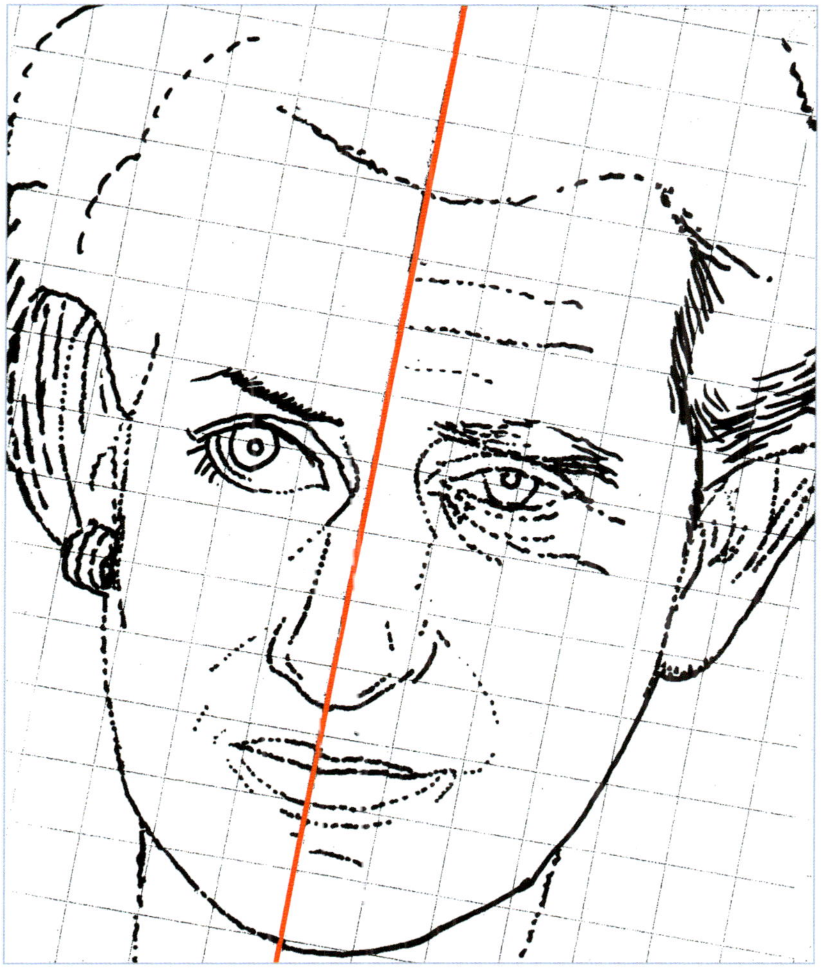

Die Unterschiede

Die übereinstimmenden Proportionen von Dianas und Charles' Gesicht sind oben deutlich zu sehen. Die Formen ihrer Augen und Münder (rechts) sind jedoch völlig verschieden.

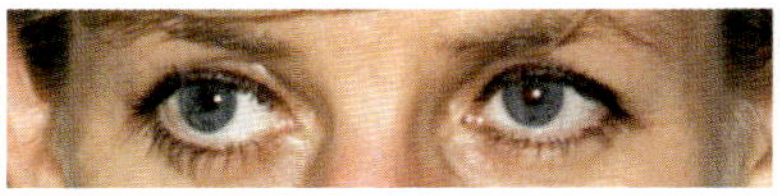

Dianas Augen

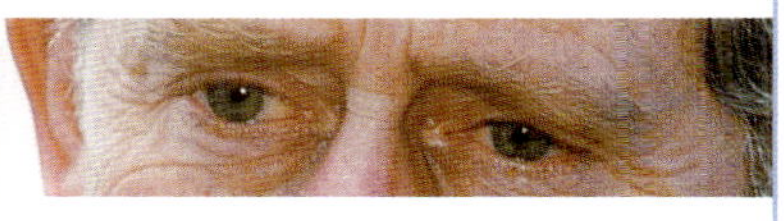

Charles' Augen

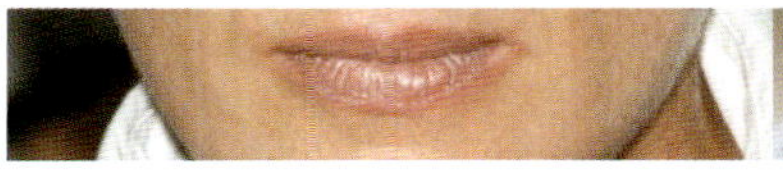

Dianas Mund

Charles' Mund

Auf diesen Fotos von Charles und Diana sind die mathematisch gleichen Gesichtsproportionen leicht zu erkennen, auf denen das Anziehungsmuster der Harmonie basiert. Folgende Abstände und Längen sind bei beiden Gesichtern identisch:

- vom Haaransatz zur Nasenwurzel
- die Länge der Nase
- der Abstand von der Nase zum Mund
- die Länge des Kinns

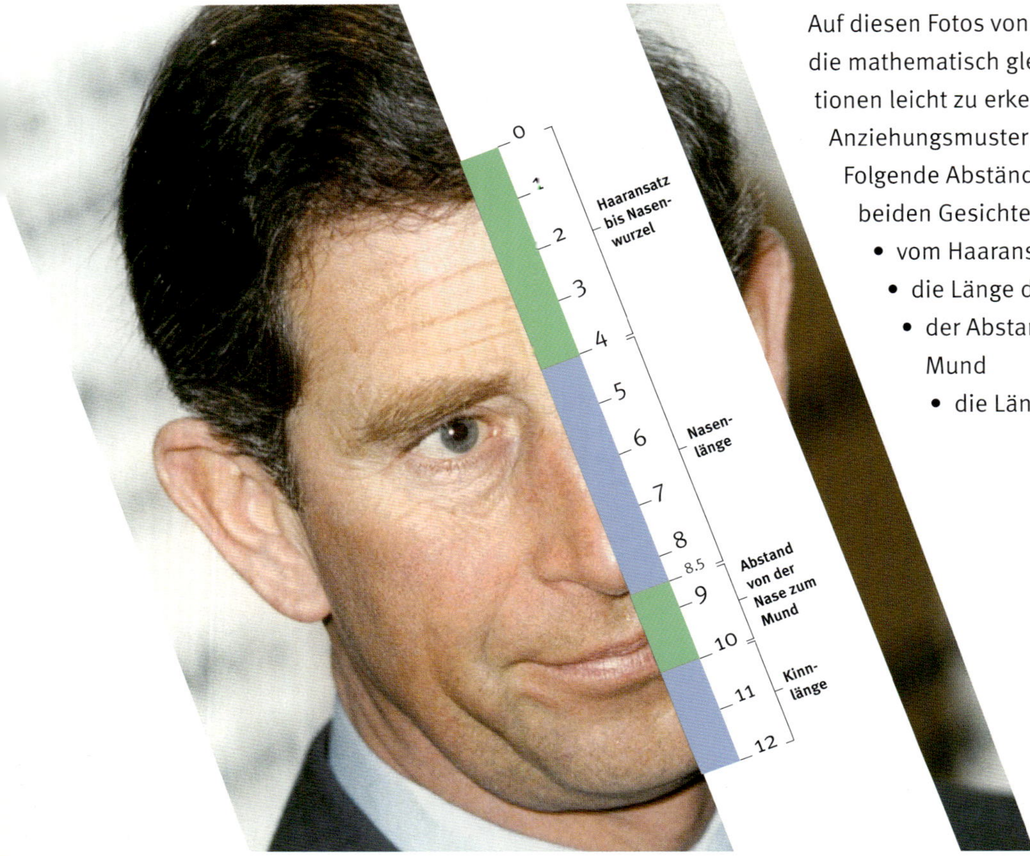

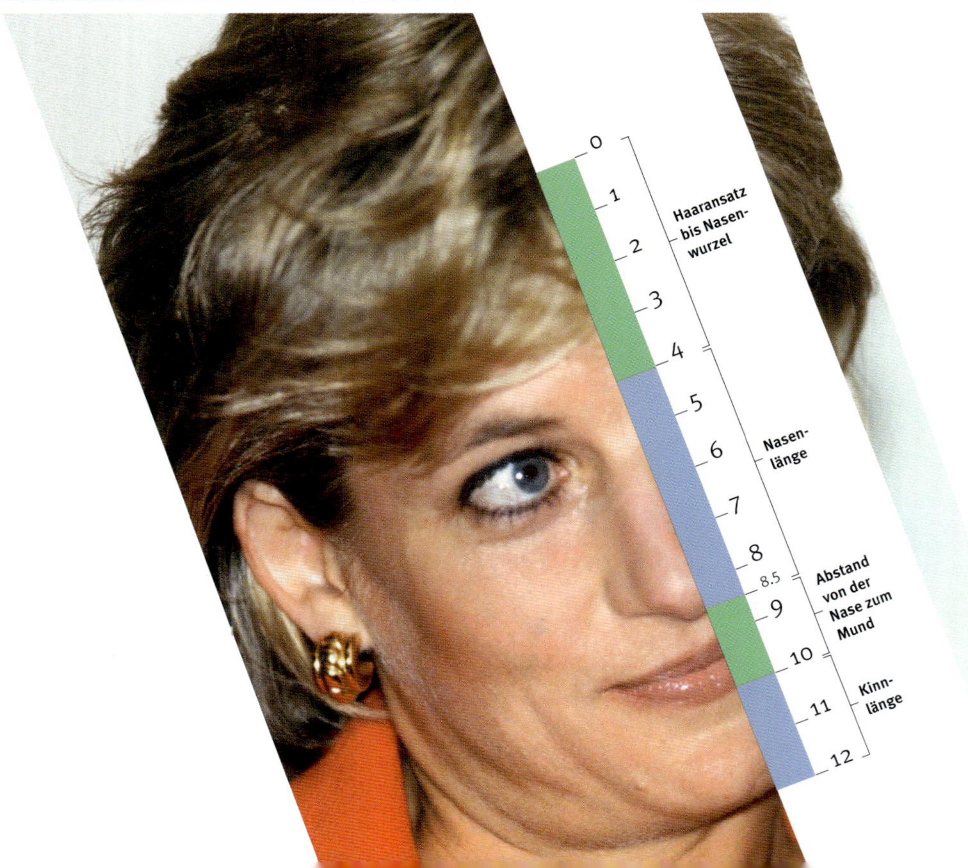

In welchem Ausmaß die Gesichter von Charles und Diana in den Proportionen wie auch im Ausdruck harmonieren, sieht man auf diesem Bild, in dem die beiden Gesichtshälften scheinbar nahtlos ineinander übergehen.

Zusammenfassung

Charles konnte zweifellos Dianas Einsamkeit nachfühlen. Vielleicht waren die vergleichbaren Kindheitserfahrungen und ihre harmonisch übereinstimmenden Proportionen das Band, das sie zusammenhielt. Doch genau die Dinge, die sie zusammenbrachten, waren wohl auch die Ursache für ihre Probleme.

Die verletzliche Diana suchte Zuflucht. Je nachdem, wie tief die Verletzung aus der Kindheit ist, kann ein Partner diese Wunden manchmal heilen. Doch bei Diana saß der Schmerz zu tief, als dass ein anderer Mensch ihn hätte lindern können, zumal auch Charles Trost und Unterstützung brauchte.

Es ist offensichtlich, dass Charles und Diana einander körperlich ergänzten. Ihre Gesichtsformen entsprechen einander vollkommen harmonisch, und sie fühlten sich zueinander hingezogen. Wenn ihre emotionalen Voraussetzungen anders gewesen wären, hätten sie miteinander durchaus glücklich werden können. Das ist natürlich reine Spekulation, aber fest steht, dass keine andere Beziehung Dianas, etwa die mit James Hewitt (oben), unter solch günstigen Voraussetzungen begann.

Warum gibt es **unter Schauspielern** so viele Harmonie-Paare?

Weil sie meist regelmäßige Gesichtsproportionen haben, sind Harmonie-Partner oft besonders attraktiv. Gut aussehende Menschen werden nicht selten Schauspieler und treffen Kolleginnen und Kollegen, die ebenfalls sehr anziehend sind.

Wenn zwei »schöne Menschen« voneinander angezogen werden, liegt der Verbindung oft die harmonische Übereinstimmung ihrer Gesichtsproportionen zugrunde.

Liz Hurley und Hugh Grant

Im Jahr 1986 bekam der unbekannte Schauspieler Hugh Grant das Angebot, einen Film mit der ebenfalls noch unbekannten Liz Hurley zu drehen. Diese Arbeit sollte der Ausgangspunkt ihrer Beziehung werden.

Mit dem Film *Vier Hochzeiten und ein Todesfall* gelang Hugh Grant der Durchbruch in Hollywood. Zur Premierenfeier erschien er in Begleitung von Liz Hurley; sie trug ein Kleid von Versace, das mit Designer-Sicherheitsnadeln zusammengehalten wurde. Aus der Aufmerksamkeit, die ihr atemberaubendes Aussehen erregte, erwuchs ihr ein Vertrag mit Estée Lauder über angeblich drei Millionen Pfund. Im Jahr darauf wurde Hugh wegen unsittlichen Benehmens verhaftet, nachdem er mit der amerikanischen Prostituierten Divine Brown erwischt worden war. Er und Liz trennten sich im Juni 2000, nach einer 13-jährigen Beziehung. Trotzdem stehen sie sich nach wie vor nah. Hugh ist einer der Paten von Liz' Sohn Damian.

Die Unterschiede

Auf den Fotos oben ist deutlich zu erkennen, dass sich Hugh Grant und Liz Hurley nicht ähnlich sehen. Ihre Augen und Münder sind ganz unterschiedlich geformt (rechts).

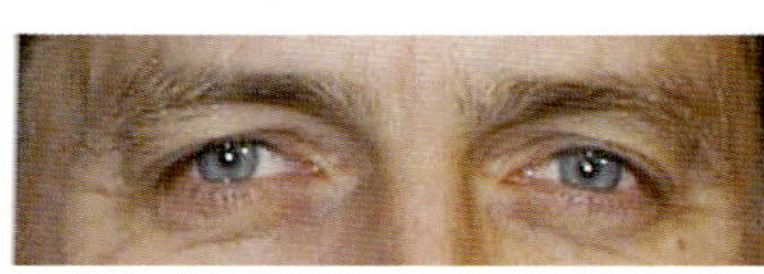

Hughs Augen

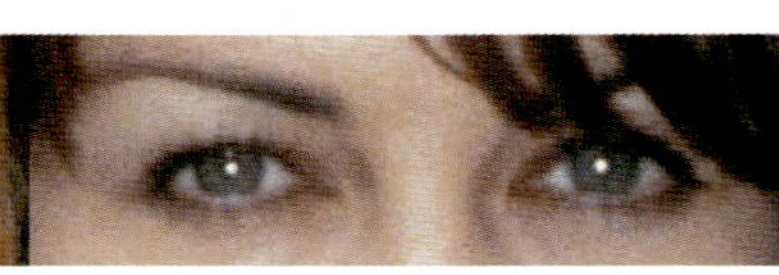

Liz' Augen

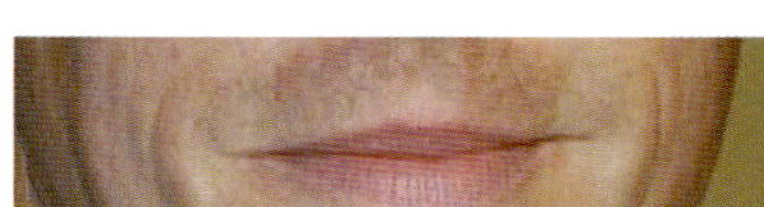

Hughs Mund

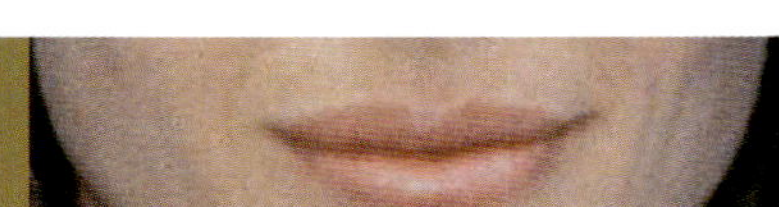

Liz' Mund

Die Harmonie-Elemente

Obwohl Augen und Münder unterschiedlich geformt sind, zeigen die Fotos oben die harmonischen Übereinstimmungen zwischen Hughs und Liz' Proportionen. Die waagrechten Linien verdeutlichen die gleichen Abstände zwischen den Hauptgesichtszügen. Die diagonalen Linien treffen die Nasen und unterteilen die Münder an genau den gleichen Stellen. Kein Wunder, dass Hugh und Liz sich bei so vielen harmonischen Übereinstimmungen zueinander hingezogen fühlten!

*Ein **Harmonie-Paar** findet zwar durch **körperliche Anziehung** zueinander, doch die Beziehung kann nur wachsen und stärker werden, wenn auch die **inneren Werte** erkannt werden.*

Aus einem anderen Blickwinkel ist leicht zu erkennen, dass die Gesichter von Liz und Hugh die gleichen Proportionen und Abstände aufweisen.

Zusammenfassung

Auch nach ihrer Trennung wissen Hugh und Liz einander noch zu schätzen. Ihr Verhältnis vergleichen sie mit dem von Geschwistern. Hugh sagte in einem Interview der britischen Zeitschrift *Hello!* im Juni 2000: »Liz ist schon seit Jahren nicht mehr in mich verliebt.«

Die allgemeinen Vorstellungen von Schönheit werden zu einem Großteil von den Medien gemacht: Sie bestimmen das jeweils aktuelle Schönheitsideal. Wie wichtig die inneren Werte sind, kann man am besten an den »Reichen und Schönen« zeigen. Anscheinend ziehen sie sich gegenseitig sehr stark an. Das sieht man besonders deutlich beim Theater und beim Film. Entsprechend hoch ist aber auch die Zahl der Trennungen. Die anfängliche Anziehung bei Harmonie-Partnern ist viel wert, doch das Aussehen allein reicht nicht: Auch die innere Schönheit des Partners will erkannt werden.

Warum werden für die **Familienplanung** Harmonie-Partner **bevorzugt**?

Madonna und Guy Ritchie

Die Amerikanerin Madonna Ciccone, geboren 1958, wuchs in einem Arbeitervorort von Bay City in Michigan auf. Seit 1984 ist sie die unangefochtene Königin der Musikindustrie.

Guy Ritchie ist zehn Jahre jünger als sie, er ging auf die Privatschule Stanbridge Earls im englischen Hampshire und verbrachte einen Teil seiner Jugend in Loton Park, auf einem Anwesen seines Stiefvaters Sir Michael Leighton, das aus dem 17. Jahrhundert stammt. Die Filme *Bube, Dame, König, Gras* und *Snatch – Schweine und Diamanten*, bei denen Guy Regie führte, waren Kassenschlager.

Die beiden lernten sich auf dem Anwesen des Popstars Sting und seiner Frau Trudie Styler in Wiltshire kennen und wurden knapp zwei Jahre später in sehr kleinem Rahmen auf Skibo Castle in Schottland getraut. Madonna hat aus einer früheren Beziehung eine Tochter, Lourdes, und das Paar hat inzwischen einen gemeinsamen Sohn, Rocco, der im August 2000 geboren wurde.

Passende Gesichter

Madonna und Guy sind ein Paar mit harmonisch übereinstimmenden Gesichtsproportionen. Es ist eine sehr ästhetische Verbindung. Jeder mag das Aussehen des anderen und fühlt sich in seiner Gegenwart wohl, trotz des großen Altersunterschieds und obwohl beide aus ganz verschiedenen Verhältnissen stammen.

Obwohl sich Madonna und Guy nicht ähnlich sehen, ähneln sich doch bestimmte Partien von Augen und Mund, wenn sie lächeln. Sie haben also eine Harmonie-Beziehung, gemischt mit einigen Echo-Elementen (siehe Seite 36–38). Das weist darauf hin, dass ihre Partnerschaft nicht nur auf gegenseitiger Anziehung, sondern auch auf Verbundenheit und gegenseitigem Verständnis basiert. Viele Partnerschaften profitieren davon, wenn mehrere Anziehungsmuster wirksam sind.

Die Bedeutung des Kinns

Auch wenn jemand seinen idealen Harmonie-, Echo- oder Prima-copula-Partner (siehe Seite 102–104) gefunden hat, gibt es noch weitere visuelle Faktoren, die die Zufriedenheit in der Partnerschaft beeinflussen können. Der »Kinn-Faktor« ist eines der wichtigsten Elemente, die über die Chancen einer Beziehung entscheiden. Das Kinn kann nämlich darüber Aufschluss geben, ob jemand dominant ist oder sich unterordnet. Optimal ist es, wenn die Partner sich mit ihren Eigenschaften ergänzen.

*Haben beide Partner ein **starkes Kinn**, wie Guy und Madonna, gibt es keinen **dominanten** Partner, aber auch keinen, der **sich unterordnet**.*

Der Mund und das Kinn sagen außerordentlich viel über den Charakter eines Menschen aus. Zorn, Bösartigkeit und Bitterkeit zeigen sich am Mund, Stärke und Schwäche dagegen werden am Kinn sichtbar.

Dieser Teil des Gesichts ist nicht statisch, er kann sich im Laufe des Lebens erheblich verändern, je nachdem, welche Erfahrungen man macht und wie man damit umgeht. Das Kinn ist bei jüngeren Menschen noch nicht voll ausgebildet, doch mit dem Alter verändert es sich und wird bei starken Menschen markanter, bei schwachen Persönlichkeiten weicher.

Wenn ein Mann mit markantem Kinn eine Partnerschaft mit einer Frau mit weichem Kinn eingeht, dominiert er sie eventuell zu sehr. Eine solche Beziehung kann aber auch beiden Partnern gefallen.

Haben beide Partner in einer Beziehung ein starkes, selbstsicheres Kinn, wie es auf dem Foto von Guy und Madonna links erkennbar ist, gibt es keinen dominanten Partner, aber auch keinen, der sich unterordnet – das Kräfteverhältnis ist ausgeglichen. Möglicherweise müssen die beiden in ihrer Partnerschaft von Fall zu Fall um die Vorherrschaft kämpfen.

Zusammenfassung

Verhaltensstudien an Tieren zeigen, dass bei der biologisch motivierten Suche nach einem Partner mit gesunden Genen die Tiere am begehrenswertesten sind, die ein symmetrisches Erscheinungsbild aufweisen.

Das Gleiche trifft auch beim Menschen zu. Harmonie-Partner geben einem unbewussten Bedürfnis nach, wenn sie sich jemanden aussuchen, mit dem sie Kinder haben können. Zwischen Madonna und Guy besteht nicht nur die anfängliche Anziehung von Harmonie-Partnern. Sie profitieren zusätzlich von Echo-Elementen, bei denen die Partner ihr Verhalten einander anpassen. Wenn man bedenkt, welch enormes Gefälle hinsichtlich ihrer Herkunft und Kindheitserfahrungen ursprünglich zwischen den beiden bestand, erscheint ihre Beziehung noch faszinierender.

Ec

ho

Wenn sich jemand zu einem Echo-Partner hingezogen fühlt, stehen die Chancen gut, dass diese Anziehung auf Gegenseitigkeit beruht, denn beide Partner reagieren auf die Ähnlichkeit im Gesicht des anderen.

Echo-Paare

Echo-Partner sehen einander ähnlich, oftmals so sehr, dass andere Leute glauben, die beiden wären verwandt. Partner in Echo-Beziehungen haben sich selbst unbewusst in der anderen Person wiedererkannt.

Gleiche Formen

Dieses Anziehungsmuster wird nicht durch die Proportionen der Gesichter bestimmt, sondern durch drei zentrale Merkmale. Dabei handelt es sich um die Form des oberen Augenlids, den Schwung der Oberlippe und die Form der Augenbrauen. Alle drei lassen sich anhand der Linie, des Schwungs oder des Bogens vergleichen, sie wiederholen sich im Gesicht des Echo-Partners und bilden so ein dreifaches Echo. Das Paar weist vielleicht noch weitere Ähnlichkeiten auf, aber es kommt weder auf die Größe des Gesichts noch auf die Hautfarbe an.

Die äußere Erscheinung spiegelt das innere Wesen wider, daher ähneln sich Echo-Partner auch in ihrer Art. Sie sind Seelenverwandte. Sie können ganz sie selbst sein, ohne die Kritik ihres Lebenspartners fürchten zu müssen. Sie müssen ihr Wesen nicht verändern, um den Anforderungen ihres Partners zu genügen. Gegenseitige Abhängigkeit ist daher in der Regel kein Thema in diesen Partnerschaften.

Weil Echo-Partner Freunde sind, haben sie für gewöhnlich viel Spaß zusammen. Sie haben dieselbe Wellenlänge und übernehmen meist die Interessen und Neigungen des anderen.

Es heißt oft, dass Menschen, die lange zusammen sind, sich immer ähnlicher sehen. Im Falle der Echo-Paare ist diese Behauptung nicht völlig abwegig. Sie sehen sich ja von Anfang an ähnlich, obwohl diese Ähnlichkeit nicht immer offensichtlich ist. Mit steigendem Alter nimmt sie aber immer mehr zu. Eine vorstehende Oberlippe steht beispielsweise immer weiter hervor; hängende Augenlider hängen immer mehr; tief liegende Augen versinken noch weiter im Gesicht. Als Folge davon treten die Ähnlichkeiten zwischen den Echo-Partnern immer deutlicher zutage, je mehr sie ihr jugendliches Aussehen verlieren. Außerdem beginnt das Paar möglicherweise mit dem visuellen Spiegeln (siehe Seite 43). Da hierbei dieselben Gesichtsmuskeln benutzt werden, sehen sich die Partner mit der Zeit durch die Ausbildung der gleichen Linien und Fältchen noch ähnlicher.

Höchstwahrscheinlich führen sie viele Aktivitäten gemeinsam aus – auch dies beeinflusst ihr Aussehen. Ein Paar, das gerne segeln geht, bekommt beispielsweise die gleichen wettergegerbten Gesichter. Trotz aller Einflüsse von Zeit und Umwelt wird ihr kameradschaftliches Verhältnis die beiden Partner gemeinsam altern lassen.

Wenn die anfängliche Leidenschaft abklingt, haben die Echo-Paare immer noch ihre Freundschaft und ihr gegenseitiges Verständnis. Sie sind einander gegenüber oft toleranter als andere Paare, weil sie sich ineinander einfühlen können.

Der Echo-Effekt ist lediglich der Ausgangspunkt der gegenseitigen Anziehung, die gemeinsame Basis, bevor andere Faktoren ins Spiel kommen. Wie bei allen Beziehungen spielen die Persönlichkeit und die emotionalen Bedürfnisse eine große Rolle.

*Die **äußere Erscheinung** spiegelt das **innere Wesen** wider, daher ähneln sich Echo-Partner auch **in ihrer Art**. Sie sind Seelenverwandte.*

Im Allgemeinen achten Echo-Paare darauf, einander nicht zu verletzen, wenn ihre Beziehung aus irgendeinem Grund in die Brüche geht. Sie reden nicht öffentlich über die Schwächen des anderen. Sie sind Partner. Der französische Dramatiker Jean Anouilh behauptete, dass sich zu verlieben eine Art von Selbstliebe sei. Dies gilt ganz besonders für die Liebe der Echo-Paare.

Paare mit diesem Anziehungsmuster scheinen durch ihr gegenseitiges Verständnis die bewundernswerte Fähigkeit zu besitzen, die Unterschiede zu überwinden, die auf verschiedenen Hautfarben, gesellschaftlichen Klassen oder Altersgruppen basieren. Wenn die Partner jedoch die kulturellen oder gesellschaftlichen Barrieren nicht überwinden wollen, kann auch keine Echo-Beziehung zustande kommen. Echo-Paare haben oft dieselbe Begabung oder Weltanschauung. In diesem Kapitel finden Sie eine Menge faszinierender Beispiele.

Der hohe Preis, den Echo-Paare für ihre erfüllte Beziehung zahlen, ist der tief empfundene Verlust beim Tod des Partners. Während einer langen und glücklichen Beziehung nimmt jeder der beiden Partner für den anderen die Position des Gefährten und besten Freundes ein. Der Schmerz des überlebenden Echo-Partners wird noch dadurch verschlimmert, dass er seinen besten Freund verloren hat – gerade, wenn er ihn am nötigsten bräuchte.

Verliebte haben eine besondere Ausstrahlung: Warum liebt alle Welt die Verliebten?

Victoria und David Beckham

Victoria Beckham, auch als »Posh« bekannt, war ein Mitglied der Popgruppe Spice Girls; David Beckham, auch »Becks« genannt, ist ein überaus talentierter Fußballspieler und ein Vorbild für viele junge Menschen. Was Posh und Becks als Individuen tun, erscheint zwar in den Schlagzeilen, aber es ist ihre gemeinsame Beziehung, die die größte Aufmerksamkeit auf sich zieht.

David Beckham lernte Victoria 1997 kennen. Zehn Monate später, im Januar 1998, verlobten sie sich. Victoria erzählte der britischen Zeitschrift *OK!*, dass sie »das glücklichste Mädchen der Welt« sei. Es folgte eine Märchenhochzeit, die von den Medien in aller Welt ungeduldig erwartet wurde. Seitdem wird das Paar auf Schritt und Tritt beobachtet. Die Beckhams haben zwei Söhne, Brooklyn und Romeo.

Die Gemeinsamkeiten

- Stirn mit spitzem Haaransatz
- ähnlich geformte Augenbrauen
- die inneren Augenwinkel sind leicht nach unten gezogen
- kleine Nasenlöcher
- keine tiefen Falten oder Linien zwischen Nase und Mund
- scharf abgegrenzte, geschwungene Oberlippe
- beim Lächeln erscheinen Grübchen am Mundwinkel
- volle, runde Unterlippe
- kleines Kinn

Ein Zeichen fortgeschrittenen Alters sind die tiefer werdenden Falten, die sich zwischen Nase und Mund zeigen. David und Victoria haben in diesem Bereich beide eine glatte Haut. Der Alterungsprozess wird sich in ihren Gesichtern an anderer Stelle zeigen. Die Ähnlichkeit zwischen David und Victoria wird immer weiter zunehmen, da die Zeichen des Älterwerdens bei ihnen an denselben Stellen auftauchen werden: Sie benutzen dieselben Gesichtsmuskeln, um sich zu spiegeln.

David und Victoria sind nicht nur als Echo-Paar auf einer Wellenlänge, sie sind auch Harmonie-Partner, haben also übereinstimmende Gesichtsproportionen. Solche Partner passen optisch zusammen.

Victoria und David sind ein hübsches Paar, sie passen aber auch gut zueinander, weil sie gute Freunde sind. Ihr Aussehen und ihre Karriere tragen dazu bei, das Interesse der Öffentlichkeit an ihrer Beziehung aufrecht zu erhalten.

Wahre Liebe auf den ersten Blick

Als David Victoria in einem Spice-Girl-Video sah, fiel ihm weder auf, dass ihre Gesichter dieselben Proportionen haben, noch dass ihre Augen und ihr Mund genauso geformt sind wie seine. Er sah sie und verliebte sich in sie. Sein Unterbewusstsein nahm jedoch sofort die mathematische Übereinstimmung wahr. Die Anziehungskraft, die David zu Victoria hinzog, war das Wiedererkennen seiner selbst in einer anderen Person. Dieses sofortige Wiedererkennen ist die Liebe auf den ersten Blick.

Die Pheromone

Diese chemischen Stoffe, die im Körper produziert werden, wecken das sexuelle Verlangen. Sie haben aber keinen Einfluss auf das Phänomen der Liebe auf den ersten Blick. Schließlich kann man sich auch über das Fernsehen oder beim Betrachten eines Fotos verlieben, wo Gerüche und Berührungen gar keine Rolle spielen. In dem Moment hat man keine Vorstellung davon, ob das Liebesobjekt sich »richtig« anfühlen oder riechen wird. Man weiß nur, dass man seinen Partner auf rein visueller Ebene gefunden hat.

Bei Männern leitet die visuelle Anziehung die erste Beziehungsphase ein; bei Frauen hingegen kann die Beziehung eine Anziehung entstehen lassen, die anfangs nicht da war. Es ist eher unwahrscheinlich, dass ein Mann sich in eine Frau verliebt, die er visuell nicht anziehend findet, auch wenn sie sich zu ihm hingezogen fühlt.

*Ihre **Berühmtheit** aus vollem Herzen genießend und mit **Liebe** und **gegenseitigem Respekt** gesegnet, haben Posh und Becks offenbar **die ganze Welt erobert**.*

Visuelles Spiegeln

Dieses »Spiegeln« tritt auf, wenn die Partner einander so nahe sind, dass sie ihre Gesichtsausdrücke nachahmen. Es ist ein ganz unbewusstes Kompliment an den anderen. Auf diesen Fotos von Victoria und David ist das Spiegeln gut zu sehen.

»Ich weiß nicht, wo ich anfange und er aufhört« ist eine Formulierung, die das Spiegeln oftmals begleitet. Die Partner sind sich natürlich nicht bewusst, dass sie sich den Gesichtsausdruck des geliebten Menschen »leihen«, da sie ja ihr eigenes Gesicht nicht sehen können. Das Spiegeln wird wiederum von ihren Kindern nachgeahmt, so dass das Merkmal ein Teil des »Familienaussehens« wird.

Manchmal sieht ein Kind keinem Elternteil ähnlich, wenn aber die Eltern sich sehr nahe stehen, ahmt das Kind ihre gespiegelten Gesichtsausdrücke nach. Das erklärt auch, warum ein Adoptivkind seinen Adoptiveltern ähnlich sehen kann.

Zusammenfassung

Verliebte kommen immer gut an, denn die Menschen sind vom Geheimnis der Liebe fasziniert – besonders wenn es andauert. Als Paar haben Victoria und David Beckham den Status eines neuen Königspaares eingenommen, da ihre Romanze eher den Vorstellungen entspricht als die von Charles und Diana Spencer. Es ist ein Märchen, das wahr geworden zu sein scheint.

Wir wollen daran glauben, dass es möglich ist, alles zu haben: Schönheit, Talent, Geld, Ruhm und Liebe. So lange sich die beiden anhimmeln, wird der Zauber von »Posh'n'Becks« andauern. Ihre Liebe, die sich auf der Weltbühne abspielt, wurde dadurch zu einem wichtigen Faktor ihrer Karriere.

Wer berühmt und reich ist, ist oft genau aus diesem Grunde isoliert – so sehr, dass er ein Opfer wird. David und Victoria Beckham sind keine Opfer. Sie haben alles unter Kontrolle. Ihre Berühmtheit aus vollem Herzen genießend und mit Liebe und gegenseitigem Respekt gesegnet, haben Posh und Becks offenbar die ganze Welt erobert.

Ihre Liebe erhält eine ganze Industrie am Leben. Ein Foto von Victoria und David auf der Titelseite einer Boulevardzeitschrift kann die Auflage schlagartig erhöhen, so wie die Geschichten von Prinzessin Diana. Warum schnellen die Verkaufszahlen in die Höhe? Interessieren die Menschen die Gedanken oder Meinungen der Liebenden? Nein. Sie wollen einfach nur hinter das Geheimnis ihrer Liebe kommen.

Brennt jede Echo-Liebe **genauso intensiv**, oder funktioniert auch eine **kühlere Partnerschaft**?

Edward und Sophie Wessex

Auch dies ist ein Echo-Paar, aber von ganz anderer Art als Victoria und David Beckham. Im Januar 1999 gab Prinz Edward, der jüngste Sohn von Königin Elizabeth II., seine Verlobung mit Sophie Rhys-Jones bekannt, nachdem er fünf Jahre um sie geworben hatte. Für die Außenwelt sah es nach einer kühlen Liebe aus – aber nicht jeder sehnt sich nach einer Liebe in höheren Gefilden, wo laut David Beckham die Liebe so intensiv ist, dass sie weh tut.

Die Gemeinsamkeiten

Edwards Augen

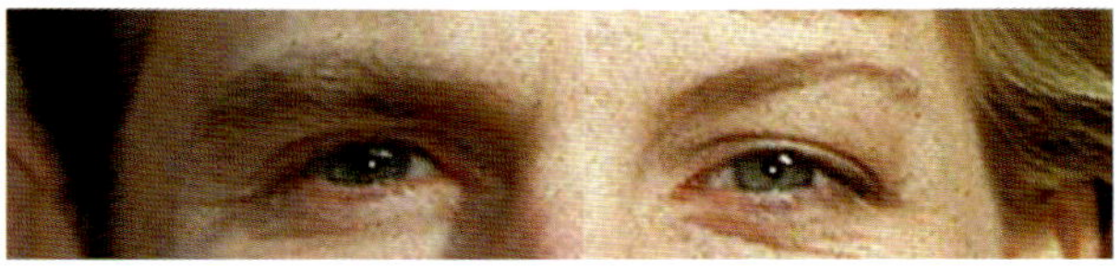

Sophies Augen

Die Augenbrauen, das Oberlid und die Oberlippe haben dieselbe Form.

Edwards Mund

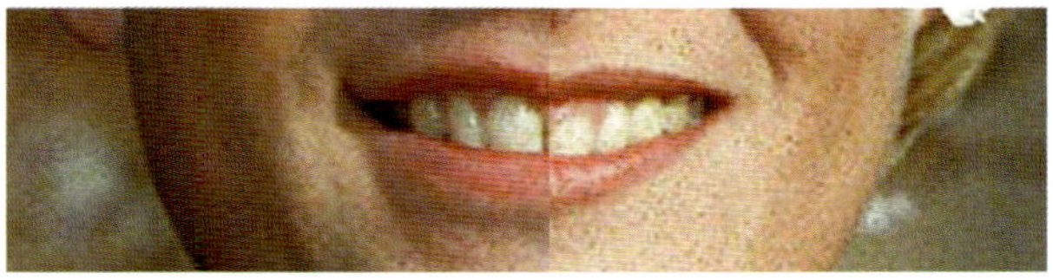

Sophies Mund

*Eine nach außen hin **kühle Ehe** kann ein **starkes Fundament** haben und viele **leidenschaftliche** Verbindungen **überdauern**.*

Eine einfühlsame Liebe

Es gibt verschiedene Ausprägungen der Echo-Liebe, von Freundschaft und platonischer Liebe bis zur intensiven Liebesbeziehung. Natürlich weiß man niemals, was im Herzen eines anderen vor sich geht, aber die Echo-Paare können Hinweise darauf im Gesicht des Partners ablesen.

Sophie und Edward heirateten 1999. Kurz nach der Hochzeit kündigte Sophie an, dass sie nur an den Wochenenden mit Edward zusammen sein werde. Die Wochentage würden sie getrennt verbringen, sodass Edward sich »nach seiner Junggesellenzeit an die Ehe gewöhnen« könne. Einige Jahre nach der Hochzeit soll Edward äußerst wütend geworden sein, als auf einer Auslandsreise vergessen wurde, getrennte Zimmer für die beiden zu buchen.

Es handelt sich hier um eine nach außen hin sehr kühl wirkende Partnerschaft, die aber auf einem starken Fundament steht: Die Fotos unten zeigen die erstaunliche Ähnlichkeit der beiden Gesichter dieses königlichen Paares: die Formen von Augenbraue, Oberlid und Oberlippe ähneln sich sehr. Ihre Beziehung ist eindeutig eine Echo-Partnerschaft, auch wegen der engen Freundschaft, die für Echo-Paare typisch ist. Zudem finden sich Harmonie-Züge. Abgesehen davon, dass Sophies Nase etwas länger ist, haben ihre Gesichter nahezu dieselben Proportionen. Diese Basis schafft gegenseitiges Einfühlungsvermögen.

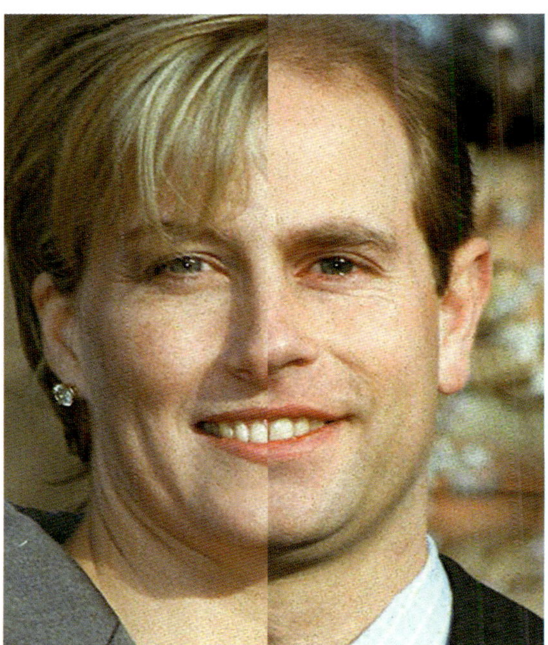

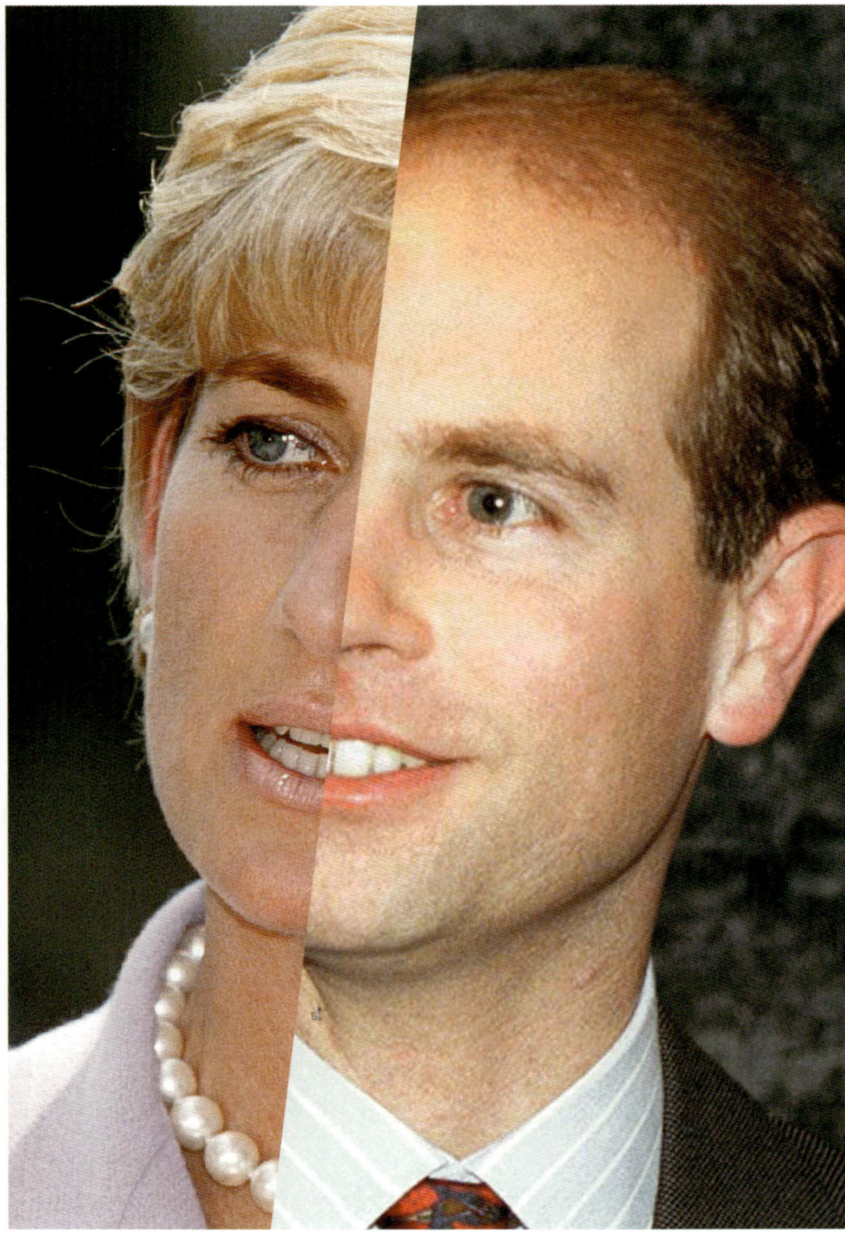

Schwägerinnen

Die äußere Ähnlichkeit von Prinzessin Diana und Sophie Wessex wurde schon häufig festgestellt. Gibt es einen Grund, warum Charles´ Frau wie die von Edward aussah? Hätte sich Edward genauso zu Diana hingezogen fühlen können wie zu Sophie?

Edward und Diana (oben) wären ein Harmonie-, aber kein Echo-Paar. Edward und Sophie sind Harmonie- und Echo-Paar: Sie haben ähnliche Augenbrauen, Oberlider und Oberlippen. Die Harmonie-Elemente allein dürften im Falle einer Schwägerin keine besonders starke Anziehung bewirken.

Zwischen Sophie und Diana (oben) gibt es keine Echo-Elemente, aber die ähnlichen Gesichtsproportionen lassen sie ähnlich aussehen. Wenn Brüder dieselben Gesichtsproportionen haben und beide eine Harmonie-Partnerin wählen, können sich die Schwägerinnen sehr ähnlich sehen.

Schwägerinnen können sich ***ähnlich*** *sehen, wenn die Brüder, mit denen sie verheiratet sind,* ***dieselben Gesichtsproportionen*** *haben.*

Zusammenfassung

Wenn Brüder übereinstimmende Gesichtsproportionen haben und einer von ihnen eine Harmonie-Partnerin heiratet, findet sein Bruder die neue Schwägerin möglicherweise auch attraktiv. Diese Anziehung wird aber nicht sehr stark sein, solange sich die Gesichtszüge von Schwager und Schwägerin nicht ähneln (Echo-Elemente). Schwägerinnen sehen sich oft ähnlich, wenn die Brüder dieselben Gesichtsproportionen haben.

Es ist nicht ungewöhnlich, dass zwei Brüder zwei Schwestern heiraten: Elvis´ Vater Vernon Presley heiratete Gladys. Vernons Bruder Lester heiratete Clettes, Gladys Schwester. Napoleons Bruder Joseph heiratete Julie Clary. Napoleon selbst sollte Julies Schwester Désirée heiraten, was auf Harmonie-Beziehungen der Brüder hinweisen würde. Vielleicht hätte Napoleon Désirée tatsächlich geheiratet, wenn er nicht seiner Prima-copula-Liebe Josephine begegnet wäre (siehe Seite 133–138).

Zurück zu Sophie und Edward, die sowohl Echo- als auch Harmonie-Paar sind. Im Allgemeinen bleiben Echo-Partner auch nach einer Trennung Freunde. Nach der Trennung von Edwards Bruder Charles und dessen Harmonie-Partnerin Diana blieb keine Freundschaft zurück, anders als bei der Scheidung des dritten Windsor-Bruders, Prinz Andrew, dessen Ehe eine Harmonie- und Echo-Partnerschaft war (siehe Seite 57–60).

Warum waren zwei **Brüder** aus einer **angesehenen** amerikanischen Familie hinter **derselben Frau** her?

Marilyn Monroe und John F. Kennedy

Die angesehene Familie war keine andere als die der Kennedys. Die beiden Brüder waren John F. Kennedy, genannt Jack, und sein Bruder Robert. Die Frau, um die es sich handelt, war die Leinwandgöttin Marilyn Monroe.

Marilyns Affäre mit John F. zog sich über ein ganzes Jahrzehnt hin. Sie endete nach ihrem berühmten Auftritt im Madison Square Garden, als Marilyn zu seinem 45. Geburtstag »Happy Birthday, Mr. President« für ihn sang. Das war so provokativ, dass die Broadway-Kolumnistin Dorothy Kilgallen schrieb, Marilyn habe vor den Augen von 40 Millionen Amerikanern mit dem Präsidenten Sex gehabt.

Marilyn war mit Frank Sinatra befreundet, der Verbindungen zu dem Mafiaboss Sam Giancana hatte. Letzterer wollte den Präsidenten beschatten lassen, daher war John F. Kennedys Beziehung mit Marilyn nicht nur für das Weiße Haus Anlass zur Sorge, sondern auch für das FBI und die CIA.

Mehr als Leidenschaft

Wenn eine Frau mit einem Mann zusammen ist, der ihr Echo- und Harmonie-Partner ist, hat sie oft das Gefühl, einen Freund und Liebhaber gefunden zu haben. Marilyn verriet ihrem Freund Bob Slatzer, dass John F. Kennedy zu ihr gesagt hatte, sie würden eines Tages Mann und Frau sein.

John F. und sein jüngerer Bruder Robert waren von Geburt an darauf gedrillt, ihre Karriere über alle anderen Bedürfnisse und Wünsche zu stellen. Marilyn war die liebesbedürftige »Waise Nummer 3463« aus dem Waisenhaus von Los Angeles. Es ist nicht weiter überraschend, dass es ihr nicht gelang, ihre Karriere als Künstlerin über eine Herzensangelegenheit zu stellen.

Die Verbindung zwischen John F. und Marilyn mag den Anschein einer rein sexuellen Beziehung gehabt haben, einige in der Kennedy-Familie dachten aber anders darüber. Kennedys Schwager Peter Lawford, der sie 1950 miteinander bekannt gemacht hatte, sagte über ihn, dass Marilyn von all seinen Frauen am besten zu ihm passte. Sie hatten denselben Humor.

Peter Lawford, Kennedys ***Schwager****, sagte über ihn, dass Marilyn von all seinen Frauen* ***am besten zu ihm passte****. Sie hatten denselben* ***Humor****.*

Die Ähnlichkeiten

Marilyn und John F. waren sowohl Harmonie- als auch Echo-Partner:

- ähnliche Gesichtsproportionen
- derselbe große Mund
- ähnlich geformte Oberlippe (Marilyns Lippenform war oft durch Lippenstift verändert)
- ähnlich geschwungene Unterlippe
- dieselbe Form der Nasenspitze und -flügel
- ähnliche mandelförmige Augen (Kennedys geschwollene Lider kamen von den Medikamenten, die er gegen ein Nierenleiden und chronische Rückenschmerzen einnahm.)

*Robert Kennedy war Marilyns **Harmonie-Partner**, aber John F. war ihr **Echo- und Harmonie-Partner**. Ihre Beziehung zu **ihm** war stärker.*

Robert Kennedy, John F. Kennedys jüngerer Bruder, begann angeblich eine Affäre mit Marilyn, als er sie – auf Geheiß seines Bruders – traf, um dessen Beziehung zu Marilyn zu beenden. Marilyns Affäre mit Robert dauerte nur sechs Monate. Manchen Aussagen zufolge endete sie, als Marilyn, die sich schon lange ein Kind gewünscht hatte, im Juli 1962 eine Abtreibung vornehmen lassen musste. Danach kühlte Roberts Leidenschaft merklich ab, und er beendete die Beziehung. Seit ihrem Tod sind mehr als 200 Bücher über Marilyn erschienen. Was auch immer diese enthüllen, die Informationen in den Gesichtern der drei verraten uns, dass Marilyns Beziehung zu John F. stärker war als die zu Robert. Robert war nur ihr Harmonie-Partner: Eine gewisse Anziehung war da, aber die Beziehung ging nicht in die Tiefe. John F. war außerdem noch ihr Echo-Partner. Es muss sehr hart für Marilyn gewesen sein, ihn zu verlieren.

Zusammenfassung

Zwei Wochen nach der Abtreibung, am 4. August 1962, wurde Marilyn in Los Angeles tot aufgefunden – offenbar an einer Überdosis Drogen gestorben. Sie war 36 Jahre alt. Obwohl ein Selbstmord wahrscheinlich war, wurden Gerüchte laut, dass man Marilyn ermordet hatte, um sie zum Schweigen zu bringen und so den Ruf der Kennedys zu schützen.

Marilyn litt unter großen Stimmungsschwankungen und hatte bereits mehrere Selbstmordversuche hinter sich. Zum Zeitpunkt ihres Todes war sie bei einem Psychiater in Behandlung – wegen ihrer Abhängigkeit von Nembutal, einem Beruhigungs- und Schlafmittel, das sie einnahm. Es ist möglich, dass ihr Tod ein Unfall war, der durch einen Medikamentencocktail oder Alkohol verursacht wurde.

Es gibt jede Menge Verschwörungstheorien über die Verwicklung des FBI und der Mafia in Marilyns Tod; keine konnte jemals bewiesen werden. So viel ist allerdings klar: Wenn sie nicht so öffentlich mit John F. und Robert Kennedy in Verbindung gestanden hätte, wären die Umstände ihres Todes auch nicht in diesem Maße hinterfragt worden.

Warum sind Andrew und Fergie so gute Freunde geblieben?

Prinz Andrew und Sarah Ferguson

Prinz Andrew, der zweite Sohn von Königin Elizabeth II., lernte Sarah Ferguson (die von der Presse den Spitznamen »Fergie« bekam) 1985 auf einer Party während der Royal Ascot Week kennen. Als sie im Jahr darauf heirateten, wurde Sarah Herzogin von York. Andrew und Sarah ließen sich 1998 scheiden.

Trotz aller von der Presse dokumentierten Widrigkeiten und Kümmernisse in Sarahs Leben als geschiedene Frau blieben sie und Andrew Freunde. Das emotionale Band, das sie geknüpft hatten, besteht bis zum heutigen Tage. Nach der Scheidung blieb Sarah noch einige Jahre lang im Heim der Familie wohnen – Sunninghill Park, von der Queen zur Verfügung gestellt. Das Paar verreist immer noch mehrmals im Jahr gemeinsam mit den Kindern.

Im Mai 2000 sagte Prinz Andrew der Presse, es sei nicht ausgeschlossen, dass er Sarah ein zweites Mal heiraten werde.

Die Gemeinsamkeiten

Die Fotos oben und rechts geben deutliche Hinweise darauf, was Andrew und Sarah verbindet.

HARMONIE-ELEMENTE

- die gleiche hohe Stirn
- die gleiche lange Nase
- derselbe Abstand zwischen Nase und Mund
- der gleiche ausgeprägte und breite Kiefer
- das gleiche lange, eckige Kinn

ECHO-ELEMENTE

- der gleiche Augenbrauenbogen
- dieselbe Augenform
- der gleiche schmale Mund
- die gleiche Oberlippe

Münder und Augen der beiden haben eine sehr ähnliche Form, und die Abstände zwischen diesen Gesichtspartien sind gleich groß. Die unteren Augenlider sind gerade, sodass die Gesichter oft auf dieselbe Art Fröhlichkeit oder Erstaunen ausdrücken. Beim Lächeln verschwindet die Oberlippe fast ganz.

Andrew und Sarah sind Harmonie-Partner: Sie mögen das Aussehen des anderen und fühlen sich wohl zusammen. Und sie sind Echo-Partner: Sie sehen sich ähnlich, erkennen sich selbst im anderen wieder und es verbindet sie eine Freundschaft. All diese Faktoren binden sie auch weiterhin eng aneinander.

__Freundschaft__ ist die Schlüsseleigenschaft eines __Echo-Paares__. Am Tag ihrer __Scheidung__ sagte Sarah: »Andrew ist mein bester __Freund__.«

Zusammenfassung

Das visuelle Echo ist nur der erste Auslöser der Anziehung: Tief innen basiert eine Echo-Beziehung auf Liebe, gegenseitigem Verständnis und Seelenverwandtschaft. Wenn die erste Leidenschaft vorüber ist, verfügen Echo-Paare glücklicherweise noch über dieses starke Fundament ihrer Beziehung. In königlichen Kreisen – so wie in allen anderen auch – ist wahre Freundschaft ein echtes Geschenk.

Wenn Andrew und Sarah weiterhin viel Zeit zusammen verbringen, werden sie sich äußerlich noch ähnlicher werden, da sie sich gegenseitig spiegeln (siehe Seite 43). Da sie sowohl Harmonie- als auch Echo-Partner sind, wäre eine endgültige Trennung für beide sehr schwierig.

Die Beispiele für zweite Ehen (siehe Seite 92–99) legen nahe, dass der neue Partner oft dem ersten ähnelt – entweder äußerlich oder vom Charakter. Es ist wie eine Sprache zu sprechen, die man kennen und lieben gelernt hat. Wenn Andrew noch einmal heiratet, wird er wahrscheinlich eine Frau wählen, die genauso stark und mutig ist wie Sarah.

Was war die **Quelle** von Margaret Thatchers **Stärke** und **Selbstvertrauen**?

Margaret und Denis Thatcher

Auf dem Höhepunkt ihres Erfolges strahlte die Popgruppe Spice Girls so genannte »Girl Power« aus. Victoria Beckham – Posh Spice – nannte Margaret Thatcher »das erste Spice Girl«. Vielleicht dachte Posh, dass ihre »Girl Power« denselben Ursprung hatte. Beide Frauen genossen die bedingungslose Liebe eines starken Echo-Partners.

Margaret Thatcher, Tochter eines Lebensmittelhändlers aus Grantham, erlangte an der Universität von Oxford akademische Würden und arbeitete zunächst in der Forschung der chemischen Industrie, während sie ihren politischen Interessen nachging. Im Jahr 1950 heiratete sie Denis Thatcher, wurde 1959 Parlamentsabgeordnete und 1970 Ministerin für Erziehung und Wissenschaft. Am 4. Mai 1979 wurde Margaret Thatcher die erste Premierministerin Großbritanniens.

Starke Partner

In ihrer Autobiographie hat Margaret Thatcher den Widerstand beschrieben, den sie anfangs als Erziehungs- und Wissenschaftsministerin erfuhr.

Aus ihrer Sicht ist eine Frau emotional verletzlicher gegenüber persönlichen Beleidigungen als die meisten Männer. »Einige zerbrechen daran, andere werden stärker. Denis, der Inbegriff des Menschenverstandes, meisterte dies hervorragend. Ich habe nur durch seine Liebe und Unterstützung überleben können«, schrieb sie.

Margaret Thatcher war 15 Jahre lang Vorsitzende der konservativen Partei und 11 ½ Jahre lang Premierministerin. Die Rolle, die Denis Thatcher dabei spielte, sowohl als physische wie auch als emotionale Unterstützung, kann kaum überschätzt werden.

__Die Echo-Liebe__ ist ideal, wenn man Karriere machen will. Ein __Echo-Partner__ wird einem __nicht nur mit seiner Liebe__ zur Seite stehen, sondern auch mit __Verständnis__ und __Unterstützung__.

Starke Profile, starke Partner: Margaret Thatcher schrieb ihren Erfolg der Unterstützung durch ihren Ehemann Denis zu, der ihr zu einem starken Selbstbewusstsein verhalf.

Zusammenfassung

Die Echo-Liebe ist ideal, wenn man Karriere machen will. Der Echo-Partner gibt einem Liebe, Verständnis und Unterstützung. Echo-Partner sind viel seltener neidisch auf den Erfolg ihres Partners und sonnen sich stattdessen in seinem Glanz. Margaret Thatcher wurde von einem starken Echo-Partner bedingungslos geliebt. Sie bezeichnete Denis Thatcher als den »goldenen Faden«, der durch ihr Leben lief.

Macht braucht Rückhalt, und den stärksten Rückhalt bietet wahre Liebe. Margaret Thatcher, die auch als die »Eiserne Lady« bekannt war, trug eine Rüstung aus Liebe, und zwar der allerstärksten Machart. Typisch für die Unterstützung durch einen Echo-Partner ist es, dass Denis Thatcher sich niemals auch nur andeutungsweise darüber beschwert hat, dass er neben seiner Frau die zweite Geige spielte. Ganz im Gegenteil: Auf die Frage, wer denn nun die Hosen in ihrer Beziehung anhabe, scherzte er, dass er es sei und dass er sie auch waschen und bügeln würde.

Michail und Raissa Gorbatschow

Die Ehe der Gorbatschows zeigt die etwas »traditionellere« Rollenverteilung, in der die Frau hinter dem erfolgreichen Mann steht. Michail Gorbatschow, der frühere Präsident der Sowjetunion, lernte Raissa Maximowna an der Universität Moskau kennen. In seiner Autobiographie schrieb er: »Damals wusste ich noch nicht, dass ich meinem Schicksal begegnet war. Von diesem Tage an begann für mich eine Zeit der Qual und der Freude.«

Auch als Raissa und Michail schon verheiratet waren, mussten sie in getrennten Studentenzimmern wohnen. Der Zugang zu diesen Zimmern war streng reglementiert. Michail musste darum kämpfen, eine Erlaubnis für tägliche Besuche bei seiner Frau zu erhalten. Als Beweis musste er immer seinen Pass dabeihaben. Aber selbst der nützte ihm nichts, wenn jeden Abend pünktlich um 23 Uhr das Telefon in Raissas Zimmer klingelte und der Hausmeister sagte: »Es befindet sich eine unbefugte Person in Ihrem Zimmer«.

Glücklicherweise hatte die erzwungene Trennung keine Spätfolgen für die Ehe mit seiner Echo-Partnerin Raissa, an deren Seite Michail eine glanzvolle politische Karriere machte. Viele Russen sind noch heute davon überzeugt, dass Raissa ihren Ehemann nicht nur unterstützt hat, sondern auch den Anstoß zu politischen Überlegungen gab, und dass sie einen starken Einfluss auf seine Entscheidungen hatte.

Die drei Fotos unten zeigen die Echo-Elemente in Michails und Raissas Gesichtern: die übereinstimmende Form der Augenbrauen, denselben Verlauf des oberen Augenlids, eine ähnliche gerundete Nase mit tiefen seitlichen Falten und ein ähnlich geformtes Kinn.

Václav Havel und Dagmar Veskrnova

Václav Havel entstammt einer privilegierten tschechischen Familie. Er machte sich als Dichter und Dramatiker einen Namen, ehe er am 29. Dezember 1989 Präsident der Tschechoslowakei wurde.

Havel wurde von einer Welle der öffentlichen Sympathie zur Macht getragen, die sich auch auf seine Frau Olga übertrug. Das Paar hatte 1964 geheiratet. Havel betrachtete seine Frau als eine unentbehrliche Unterstützung. Olga engagierte sich für wohltätige Zwecke, was ihr internationale Anerkennung einbrachte. Nach ihrem Tod im Jahr 1996 erschienen Tausende vor dem Prager Schloss, um ihr die letzte Ehre zu erweisen.

Als Havel nicht einmal ein Jahr später die Schauspielerin Dagmar Veskrnova heiratete, wurde sein Image durch diese Hochzeit schwer beschädigt. Die Heirat erfolgte nicht nur zu früh, sondern Dagmar hatte im Laufe ihrer Karriere auch einige eher fragwürdige Rollen gespielt.

Havel war jedoch nicht von dieser Ehe abzubringen – er hatte in Dagmar seine Echo-Partnerin gefunden. Beide haben ein charakteristisches Lächeln, breit und schelmisch, und ihre Lippen haben dabei denselben Schwung. Auch um die Augen und die Nasenspitze ähneln sich die beiden stark.

Wie konnte ein 14jähriges Schulmädchen das Herz eines berühmten Soldaten gewinnen?

Elvis und Priscilla Presley

Im Jahr 1958 besuchte Priscilla Beaulieu, die Stieftochter eines in Deutschland stationierten amerikanischen Soldaten, einen Armeestützpunkt in Wiesbaden und wurde einem jungen Mann vorgestellt. Es handelte sich um Elvis Presley – den König des Rock'n' Roll –, der gerade seinen Wehrdienst ableistete. Priscilla war erst 14 Jahre alt und ging noch zur Schule. Es entwickelte sich eine seltsame Liebesgeschichte.

Elvis kehrte in die USA zurück. Nachdem Priscilla ihn dort besucht hatte, glaubte Elvis, nicht mehr ohne sein »Baby« leben zu können. Er bekniete Priscillas Stiefvater Colonel Beaulieu, ihr zu erlauben, nach Graceland, dem Familiensitz der Presleys in Memphis, Tennessee, zu ziehen, und versprach, dass sie eine katholische Erziehung bekommen und die Highschool abschließen würde. Colonel Beaulieu ließ sich schließlich überreden. Priscilla zog zu Elvis, seiner Großmutter, seinem Vater Vernon und dem allgegenwärtigen Gefolge, das den Musikstar rund um die Uhr umgab.

In der Abgeschiedenheit von Graceland wurde die Nacht zum Tage gemacht. Bereits an ihrem ersten Tag nahm Priscilla Amphetamine, um mit Elvis mithalten zu können: Er blieb die ganze Nacht lang wach. In Graceland lebte man nach den Regeln, die der »King« aufstellte.

Seltsame Tage auf Graceland

Auf Graceland wurde der Außenwelt mit Verachtung begegnet. Das Gefolge, das sich um Elvis scharte, war verärgert über Priscillas Eindringen und wetteiferte um seine Gunst und Aufmerksamkeit. Elvis wollte seinen »Jungs« beweisen, dass keine Frau die Kontrolle über ihn übernehmen konnte und dass er immer noch das Sagen hatte.

Priscilla lernte schnell, wo ihr Platz war. Elvis wollte sie zu der Frau machen, die er sich vorstellte. Sie lernte, ihren Mund zu halten und jedem Wort des »King« ihre Aufmerksamkeit zu schenken, sein Verhalten gutzuheißen und an den richtigen Stellen zu lachen.

Priscilla blieb auf Graceland bei Elvis' Vater und Großmutter, ging zur Schule und verbrachte die übrige Zeit in hoffnungsloser Langeweile. Elvis war oft unterwegs und mit seinen Filmen und anderen Frauen beschäftigt. Während dieser Zeit schlief das Paar oft im selben Bett, aber Elvis bestand darauf, dass Priscilla »rein« bleiben sollte. Er sagte, dass er ihre gemeinsame Zukunft nicht durch Sex vor der Ehe gefährden wolle und dass der richtige Zeitpunkt dafür noch nicht gekommen sei.

Während Priscilla dem »King« gehorchen musste, wurde dieser wiederum von seinem Manager »Colonel« Parker kontrolliert. Parkers »Einmischung« verhinderte, dass Elvis' und Priscillas Beziehung ihren natürlichen Lauf nahm. Der Colonel bestimmte nicht nur, wen Elvis heiraten durfte, sondern auch wann.

Eines Tages im Jahr 1967, acht Jahre, nachdem sie sich das erste Mal begegnet waren, fiel Elvis vor Priscilla auf die Knie. Er schenkte ihr einen Ring und sagte, dass die Zeit gekommen sei. Aber ihr gemeinsames Leben verlief weiter wie bisher. Elvis war oft unterwegs und hatte auf seinen langen Reisen weiterhin Affären. Auch während ihrer Ehe, in der sie weiterhin die Nacht zum Tage machten, hatten sie nur sehr wenig Privatsphäre. Nach der Geburt ihrer Tochter Lisa Marie 1968 kehrten sie zur sexuellen Abstinenz zurück, da Elvis behauptete, Frauen seien nach der Geburt eines Babys nicht mehr begehrenswert.

Weihnachten 1971 kündigte Priscilla an, dass sie Elvis verlassen werde. Erst da wurde ihm bewusst, was er verloren hatte. Er hatte sich auf den ersten Blick in Priscilla verliebt und dabei wohl vor allem die Knochenstruktur ihres Gesichts wahrgenommen. Natürlich war sie seiner ähnlich.

*Als er **Priscilla** traf, nahm **Elvis** wohl vor allem **die Knochenstruktur** ihres Gesichts wahr. Natürlich war sie **seiner ähnlich**.*

Priscilla zu verlieren war der zweite große Verlust in Elvis' Leben – der erste schwere Schicksalsschlag für den Musiker war der Tod seiner Mutter gewesen. Die Scheidung wurde am 9. Oktober 1973 vor dem Los Angeles County Courthouse vollzogen. Das Paar hielt währenddessen Händchen.

Als Priscilla sich beim Verlassen des Gerichts nach Elvis umschaute, zwinkerte er ihr zu. Noch in derselben Woche wurde der »King« – der mittlerweile stark drogenabhängig war – in kritischem Zustand ins Krankenhaus eingeliefert. Er brauchte zehn Wochen, bis er sich wieder erholt hatte.

Zusammenfassung

Elvis und Priscilla waren ein gutes Echo-Paar, aber es gab viele Faktoren, die es ihnen unmöglich machten, aus ihrer Beziehung eine dauerhafte Verbindung werden zu lassen. Ruhm, Fans und seine Umgebung verdarben den »King« nach und nach. Priscilla kam mit dieser Situation nicht zurecht und war gezwungen, sich ihm anzupassen.

Die Verteilung der Macht, die sich zu Beginn der Beziehung etabliert hatte, war zu stark zu Elvis' Gunsten ausgeprägt. Die unterdrückte Priscilla konnte Elvis nicht die echte Freundin sein, die er brauchte. Dass sie im Gerichtssaal während ihrer Scheidung Händchen hielten, zeugt von der tiefen Echo-Liebe und Freundschaft, die Elvis während ihrer Ehe traurigerweise vernachlässigt hatte.

Gelten die Prinzipien der **Echo-Liebe** für **alle Arten** von Beziehungen?

Kaiser Akihito und **Kaiserin Michiko**

John Lennon und **Yoko Ono**

Henry Dent-Brocklehurst und **Lili Maltese**

Phil Collins und **Orianne Cevey**

Prinz Constantijn von den Niederlanden und **Laurentien**

Steffi Graf und **Andre Agassi**

Brad Pitt und **Jennifer Aniston**

Frankie und **Catherine Dettori**

Melanie Griffith und **Antonio Banderas**

Ulrika und **Lance Gerrard-Wright**

Noah und **Tracy Wyle**

Charlie und **Oona Chaplin**

Mickey und **January Rooney**

Bob und **Dolores Hope**

Kaiser Akihito und Kaiserin Michiko

Der Kaiser von Japan, Akihito, heiratete Michiko trotz des Widerstands seiner Mutter und des kaiserlichen Hofes. Michiko war die erste Bürgerliche, die in die japanische Kaiserfamilie aufgenommen wurde. Die drei typischen Echo-Merkmale – Form von Augenbraue, Oberlid, Oberlippe – sind vorhanden.

Nachdem der Sohn des Paares, Kronprinz Naruhito, ebenfalls eine Bürgerliche geheiratet hatte (siehe Seite 150–151), lancierte das kaiserliche Hofamt in der Presse, dass Kaiserin Michiko ihrer Stellung unwürdig sei. Michiko begann an Depressionen zu leiden und bekam einen Schlaganfall, in dessen Folge sie sieben Monate lang nicht sprechen konnte. Das aufgebrachte japanische Volk zwang die Presse, die Geschichten zurückzuziehen. Zwei Herausgeber der Zeitschriften, die die beleidigenden Artikel gedruckt hatten, wurden beinahe ermordet.

Vielleicht war Akihito dazu bestimmt, Michiko zu heiraten: Die Echo-Elemente bei diesem Paar sind offensichtlich. Möglicherweise kostete die Verbindung Michiko aber zu viel Kraft. Die Feindseligkeit, die ihr entgegengebracht wurde, hat vielleicht auch schon zu dem Nervenzusammenbruch beigetragen, den sie zu Beginn ihrer Ehe erlitt.

John Lennon und Yoko Ono

Man kann seinen Echo- oder Harmonie-Partner unter allen Nationalitäten finden. John, der in Liverpool geboren wurde, und Yoko, aus Tokio stammend, hatten eine Echo-Partnerschaft. Ihre liebevolle Beziehung ermöglichte es beiden, sowohl ihre politischen als auch ihre kreativen Ideale zu verwirklichen.

Als John Lennon Yoko Ono 1966 kennen lernte, waren beide noch verheiratet, obwohl Yoko sich bereits zwei Jahre zuvor von ihrem Ehemann getrennt hatte. Sie gingen 1968 mit ihrer Liebesgeschichte an die Öffentlichkeit und feierten im Jahr darauf eine stille Hochzeit in Gibraltar, der ein öffentliches »Bed-in« in Amsterdam folgte. »Bleib im Bett und lass Deine Haare wachsen«, war die Botschaft des Paares gegen Gewalt, gegen den Krieg und für die Liebe.

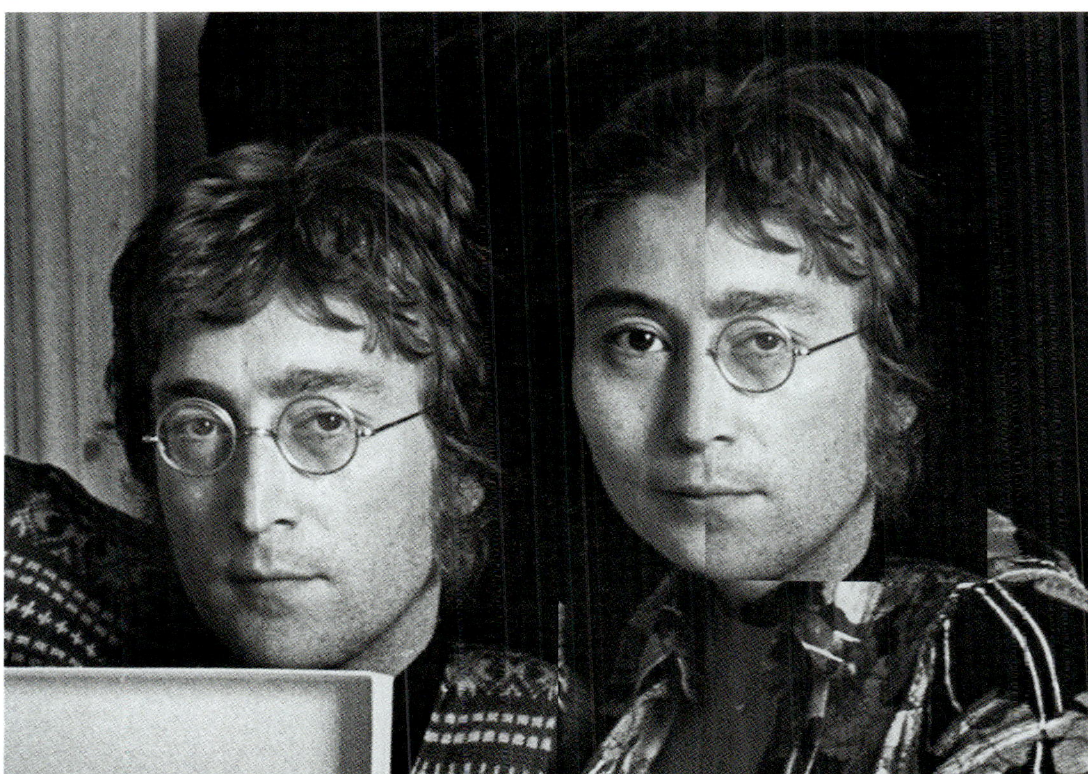

Henry Dent-Brocklehurst und Lili Maltese

Der britische Adlige Henry Dent-Brocklehurst ist Besitzer des Schlosses Sudeley Castle in Gloucestershire. Lili Maltese ist Model und wurde auf Hawaii geboren. Die beiden stammen offensichtlich aus völlig verschiedenen Verhältnissen, was die Gene, die Kultur und den finanziellen Hintergrund betrifft – und dennoch sind sie ein Echo-Paar. Ihre Augen sind sich sehr ähnlich, und dasselbe gilt für die Mundform und die Zahnpartie.

Phil Collins und Orianne Cevey

Echo-Liebe kennt keine Grenzen. Die Schweizer Dolmetscherin Orianne Cevey ist die dritte Frau des englischen Musikers Phil Collins – und 20 Jahre jünger als er. Der Schwung der Augenbrauen und die Form der Oberlider sind identisch.

Prinz Constantijn und Laurentien

Ein gutes Beispiel für eine Echo-Partnerschaft kann man bei Prinz Constantijn der Niederlande und seiner Braut Laurentien Brinkhorst sehen: Ihre charakteristischen Züge (Mund und Zähne) haben ihr Echo in denen ihres Bräutigams. Laurentien ist bürgerlicher Herkunft. Viele niederländische Mütter haben sich wahrscheinlich gewundert, warum ihre attraktiven – und möglicherweise standesgemäßeren – Töchter zugunsten dieser Frau übergangen wurden, die der Prinz zweifellos verehrt.

Steffi Graf und Andre Agassi

Profisportler sind starker Konkurrenz ausgesetzt und stehen daher ständig unter Stress. Das Training ist hart und als Partner eines Sportlers muss man dafür Verständnis haben. Oft bietet die Echo-Liebe das Einfühlungsvermögen, das eine solche Beziehung aufrechterhalten kann.

Der Weltklasse-Tennisspieler Andre Agassi war mit Brooke Shields, Schauspielerin und Model, verheiratet. Witzigerweise klebte er ein Foto von Steffi Graf an den Kühlschrank, um Brooke dazu zu bewegen, sich fit zu halten. Diese Ehe hielt keine zwei Jahre.

Andre sagt über Steffi, dass er sie schon immer von weitem bewunderte, und betont, dass er einen starken Willen besitzt, wenn er etwas haben möchte. Steffi und Andre Agassi heirateten im Oktober 2001, einige Tage vor der Geburt ihres Sohnes Jaden Gill. Mittlerweile haben sie auch eine Tochter, Jaz Elle.

Achten Sie auf die Parallelen in den Hauptgesichtszügen (unten und rechts). Die Ähnlichkeit zwischen zwei Echo-Partnern wird oft erst deutlich, wenn das Paar Kinder bekommt. Oft meint man, dass ein Kind wie das Abbild der Mutter aussieht, bis man die Ähnlichkeit zum Vater bemerkt.

In den ersten Jahren können die Kinder eines Echo-Paares sowohl der Mutter als auch dem Vater ähnlich sehen. Die Ähnlichkeit zwischen den Eltern wird möglicherweise erst deutlich, wenn die Ähnlichkeit des Kindes mit beiden zeigt, dass es sich hier mit großer Wahrscheinlichkeit um ein Echo-Paar handelt.

Die Ähnlichkeiten

Andres Auge

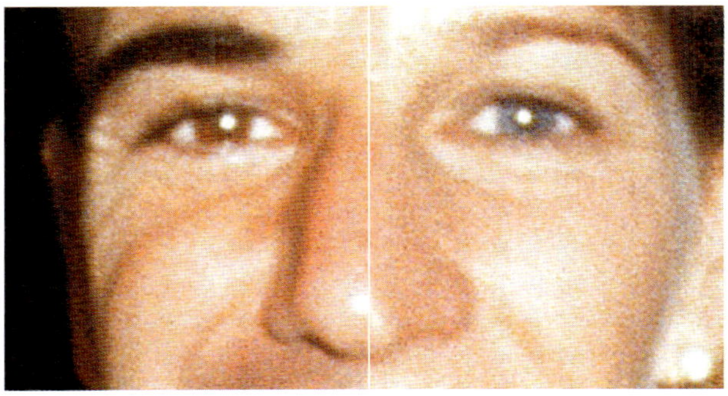

Steffis Auge

- dieselbe Augenbrauenform, an der Schläfe geschwungen
- dieselbe Augenform
- der gleiche Blick
- der gleiche lange Nasenrücken
- ähnliche Form der Nasenspitze

Brad Pitt und Jennifer Aniston

Brad Pitt ist ein bekannter Hollywoodstar und wurde zum erotischsten Mann der Welt gewählt. Jennifer Aniston wurde durch die amerikanische Fernsehserie *Friends* berühmt. Die beiden gingen im Sommer 1998 zum ersten Mal zusammen aus.

Von Anfang an war es beiden damit sehr ernst. Brad sagte über Jennifer, sie sei seine große Liebe, und Jennifer beschrieb ihre Zeit mit Brad als die glücklichste in ihrem Leben. Die beiden heirateten im Juli 2000 in Malibu.

Im Juli 2003, am Vorabend ihres dritten Hochzeitstages, sagte Brad der Zeitschrift *Hello!*: »Man muss jemanden finden, bei dem man ganz man selbst sein kann«, und brachte damit den Kern der Echo-Partnerschaft auf den Punkt.

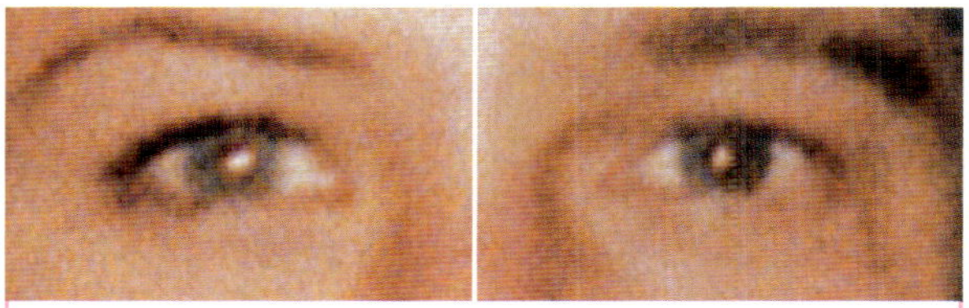

Jennifers Auge | Brads Auge

Brad sagte: **»Man muss jemanden finden, bei dem man** ***ganz man selbst*** **sein kann«. Echo-Paare sind zu** ***beneiden*** **– beide Partner können ganz sie selbst sein.**

Im selben Interview meinte Jennifer: »Ich glaube, dass ich mich mit mir selber wohler fühle, seit ich jemanden habe, der mich liebt und mich mit all meinen Schwächen, Unsicherheiten und Schwierigkeiten akzeptiert.«

Frankie und Catherine Dettori

Im Jahr 1996 war Frankie Dettori der erste Jockey, der sieben Rennen in einer Ascot-Saison gewann. Damit legte er den Grundstein für seinen Ruf als einer der größten Reiter aller Zeiten. Er wurde in Mailand geboren, als Sohn eines Jockeys und einer Zirkusartistin, die Kunststücke auf dem Pferderücken vollführte.

Mit 14 Jahren kam Frankie nach England, wo er bei einem Galopprenntrainer in Newmarket in die Lehre ging. Seine Frau, Catherine Allen, absolvierte ein Studium in Cambridge. Ihr Vater, ein neuseeländischer Professor, ist ein Pionier auf dem Gebiet der Pferdezucht. Das Paar heiratete 1997. Mittlerweile haben die beiden drei Kinder – die alle während verschiedener Pferderennen geboren wurden.

Die Welt des Pferderennsports brachte die beiden Partner, die ganz unterschiedliche geografische und kulturelle Hintergründe haben, zusammen. Ihre Verbindung wird jedoch dadurch gefestigt, dass sie Echo-Partner und in einem gewissen Maß auch Harmonie-Partner sind. Ihre Augenform und der Schwung der Augenbrauen ist ähnlich, ebenso wie die Abstände zwischen ihren zentralen Gesichtszügen.

Melanie Griffith und Antonio Banderas

Melanie Griffith sieht aus wie eine ganz normale Amerikanerin, Antonio Banderas hingegen ist der Prototyp des Latin Lovers. Daher erscheint es zunächst unwahrscheinlich, dass die beiden ein Echo-Paar sind. Ihre Herkunft ist sicherlich sehr unterschiedlich, aber bei genauerem Hinsehen kann man sie als Echo-Partner identifizieren – achten Sie auf die Lippenform der beiden und den ähnlichen Ausdruck um den Mund.

Ulrika und Lance Gerrard-Wright

Ulrika Jonsson lernte Lance Gerrard-Wright kennen, als sie die britische Ferseh-show *Mr. Right* moderierte, bei der er unter 15 Frauen die geeignete Partnerin finden sollte. Lance fühlte sich damals möglicherweise schon zu Ulrika hingezogen: Er kannte ihr Gesicht aus *Shooting Stars*, einer seiner Lieblingssendungen.

Im Juli 2003, kurz vor ihrer Hochzeit, sagte sie der Zeitschrift *OK!*, dass sie ihn »zu schön und wohlgeformt« fand, als sie das erste Mal ein Foto von ihm sah, aber nachdem sie ihn kennen gelernt hatte, hatte sie das Gefühl, die Fernseh-show müsste *Mr. Perfect* heißen.

Die beiden sind ein klassisches Echo-Paar. Dazu passt auch, dass sie sich gegenseitig als Freunde und Seelenverwandete bezeichnen. Ulrika entschied sich sogar dafür, ihren Mädchennamen, unter dem sie bekannt ist, zugunsten seines Familiennamens abzulegen.

Noah und Tracy Wyle

Der Star der amerikanischen Krankenhausserie *Emergency Room*, Noah Wyle, lernte seine Frau Tracy bei Filmaufnahmen kennen. Noah fühlte sich sofort zu der drei Jahre älteren Maskenbildnerin hingezogen. Er soll gesagt haben, dass er von Anfang an wusste, wohin das führen würde.

Die Ähnlichkeit zwischen den beiden wird nicht nur in ihren Gesichtszügen deutlich. Sie haben auch einen ähnlichen Ausdruck rund um den Mund. Noah und Tracy heirateten im Mai 2000.

Charlie und Oona Chaplin

Echo-Partner können oft einen Altersunterschied von mehreren Jahrzehnten überbrücken. Sie sind Freunde und können Seelenverwandte sein.

Als Charlie Chaplin Oona O'Neill heiratete, war sie 18 und er 54 Jahre alt. Trotz dieses Altersunterschieds lebte das Paar bis zum Tod Charlie Chaplins im Alter von 88 Jahren glücklich zusammen. Achten Sie auf die deutlich sichtbaren Ähnlichkeiten: die Form der Augen, die kräftigen Augenbrauen und die hohen Wangenknochen.

Mickey und January Rooney

Wegen des Altersunterschieds von 33 Jahren standen viele der Ehe des Schauspielers Mickey Rooney mit January sehr skeptisch gegenüber.

Mickey hatte bereits sieben Ehen hinter sich und war 58 Jahre alt, als er January Chamberlin, eine fünfundzwanzigjährige Sängerin und Komponistin, zur Frau nahm. Die Ähnlichkeiten in ihren Gesichtern sind so deutlich, dass sie leicht als Vater und Tochter durchgehen könnten. War ihre Echo-Partnerschaft dafür verantwortlich, dass sie 25 Jahre zusammenblieben?

Bob und Dolores Hope

Langjährige Liebesbeziehungen zwischen Prominenten sind häufig Echo-Partnerschaften. Die Hochzeit von Bob Hope mit der Nachtclubsängerin Dolores Reade fand am 19. Februar 1934 in Erie, Pennsylvania, USA statt. Die Ehe hielt, mit ihren Höhen und Tiefen, fast 70 Jahre lang.

Auf den Fotos oben, die Bob und Dolores in jüngeren Jahren zeigen, sieht man deutlich die Übereinstimmungen in ihren Gesichtern – besonders den breiten Mund und den starken Kiefer. Die Ähnlichkeit tritt noch deutlicher hervor, nachdem sie sich ein Leben lang visuell gespiegelt haben (siehe Fotos unten). Dabei ahmen die Partner gegenseitig ihre Gesichtsausdrücke nach, ohne es zu merken.

Zusammenfassung

Obwohl viele der Menschen, die in diesem Kapitel vorgestellt wurden, gut aussehen, muss man keinesfalls schön sein, um eine Echo-Liebe zu erleben. Schönheit ist nicht notwendig, um seinen Echo-Partner zu finden. Im Gegenteil, je ungewöhnlicher die Gesichtszüge eines Menschen sind, desto größer ist die Chance, dass er einen Partner mit denselben Eigenarten anzieht.

Die Echo-Liebe überbrückt viele Gräben und kann gesellschaftliche, kulturelle, geografische und altersbedingte Unterschiede überwinden. Außerdem sind Verständnis für den Partner und Einfühlungsvermögen grundlegende Voraussetzungen einer Echo-Liebe, wie auch für jede andere Beziehung.

Es gibt noch weitere Faktoren, die den Erfolg – oder das Scheitern – einer Partnerschaft bestimmen. Die Familiengeschichte und die persönliche Lebenserfahrung können einen enormen Einfluss auf den Charakter eines Menschen und sein emotionales Wesen haben. Sie tragen häufig entscheidend zu den Rollen bei, die die Partner in der Beziehung einnehmen. Im Idealfall ergänzt ein Partner den anderen. Die sexuelle Chemie ist am Anfang ein starkes Band, aber ohne Gefühle ist sie nicht mehr als der pure Fortpflanzungstrieb des Menschen. Wie viele erfüllende und lang anhaltende Beziehungen haben mit einem One-Night-Stand begonnen? Hier spielt nur der animalische Instinkt eine Rolle. Es müssen noch andere Faktoren zusammenpassen, bevor sich eine Beziehung festigen kann.

Charakter, Persönlichkeit, Intelligenz und sexuelle Anziehungskraft (die nach und nach schwinden kann) spielen alle eine wichtige Rolle beim Finden des Liebespartners. Wenn diese Faktoren mit einem der Anziehungsmuster – Harmonie, Echo oder Prima copula – einhergehen, dann hat diese Beziehung größere Erfolgschancen.

Hat auch eine **glückliche** Echo-Partnerschaft **Schattenseiten**?

Paula Yates und Michael Hutchence

Paul und Linda McCartney

Paul McCartney und Heather Mills

Eine Echo-Partnerschaft kann sehr glücklich machen, aber der Preis, den sie fordert, ist der tief empfundene Verlust beim Tod des Partners. Der Schmerz des Hinterbliebenen wird dadurch verstärkt, dass er zugleich seinen besten Freund verloren hat – den er gerade jetzt am nötigsten bräuchte.

Paula Yates und Michael Hutchence

Paula Yates, die lebensfrohe und extravagante Fernsehmoderatorin, war mit Bob Geldof verheiratet und hatte drei Kinder mit ihm. Sie verließ ihn 1995 und zog zu dem Rockstar Michael Hutchence nach Australien – eine intensive Liebesbeziehung, die durch die Presse ging. Paula und Michael waren starke Echo-Partner.

Paula und Michaels Tochter Heavenly Hiraani Tiger Lily war noch ein Baby, als man Michael am 22. November 1997 erhängt in einem Hotelzimmer in Sydney auffand. Es gab wilde Spekulationen und Gerüchte. Paula hielt eisern daran fest, dass Michaels Tod ein Unfall gewesen sein musste. Im August 1999 äußerte sie sich in der Fernsehsendung *In Excess: the Death of Michael Hutchence*.

»Er war wild und gefährlich«, sagte sie. »Ihm war alles zuzutrauen. Aber eines nicht: Er hätte uns nie verlassen.« Seinen Tod als Folge einer bizarren Sexpraktik zu sehen war immer noch besser als die Vorstellung, dass er sie verlassen hatte.

Die Trauer um Michael trieb Paula immer weiter in den Drogenkonsum. Sie starb an einer Überdosis, nur drei Jahre nach dem Tod ihres Geliebten. Am 17. September 2000 fand Tochter Tiger Lily, damals gerade vier Jahre alt, Paula Yates tot in ihrem Bett.

Auf Michaels Beerdigung hatte Paula das Lied »Into your Arms« spielen lassen, ein besonderes Lied für sie und Michael. Es wurde von Rockstar Nick Cave gesungen und rührte alle zu Tränen. Paulas Freundin Tracy Ayre sagte, Paula sei nie über den Tod von Michael Hutchence hinweggekommen. »Into your Arms« wurde auch auf Paulas Beerdigung gesungen. Nach Paulas Tod zeigte Tiger Lily ihrem Großvater den Ort, an dem sie zusammen mit ihrer Mutter gewohnt hatte, und erzählte ihm: »Mami und Papi sind jetzt glücklich, sie sind zusammen im Himmel.«

*»Er war **wild** und gefährlich. Ihm war **alles zuzutrauen**. Aber eines nicht: Er hätte uns **nie verlassen**.«*

Paul und Linda McCartney

Im März 1997, als Paul McCartney zum Ritter geschlagen wurde, sagte er vor der versammelten Presse: »Das ist schön, denn dadurch wird meine Frau eine Lady – obwohl sie natürlich schon immer eine war.«

Paul McCartneys Großvater war Kohlenhändler; Lindas Großvater kam als russisch-jüdischer Einwanderer in die USA. Pauls Vater war Baumwollhändler in Liverpool; Linda bekam ein Stipendium in Harvard und wurde eine angesehene Rechtsanwältin. Paul wuchs in einer Sozialwohnung in Liverpool auf; Linda verbrachte ihre Kindheit in einem wohlhabenden Haus in New York. Der gesellschaftliche Hintergrund der beiden hätte unterschiedlicher nicht sein können – aber auch ihre Liebe füreinander hätte nicht tiefer sein können.

Das Fundament ihrer Liebe war die Anziehung zwischen zwei Echo-Partnern, die oft unterschiedliche Herkunft oder unterschiedliche Verhältnisse überwindet. Am 12. März 1969 heirateten Paul und Linda. Ihr Ehering kostete zwölf Pfund, Paul hatte ihn angeblich kurz vor Ladenschluss gekauft. Bis auf eine erzwungene Trennung haben die beiden in 30 Ehejahren nicht eine einzige Nacht getrennt voneinander verbracht. Sie waren immer erstaunt, dass andere das seltsam fanden.

Das Ehepaar hatte drei Kinder: Mary, Stella und James (Linda hatte aus erster Ehe bereits eine Tochter, Heather). Stella kam durch Kaiserschnitt auf die Welt, und als Paul draußen vor dem Kreißsaal wartete, fiel ihm der Name für seine neue

Band ein. Der Name »Wings« kam ihm in den Sinn, während er für die Gesundheit von Frau und Kind betete. Linda wurde ein Bandmitglied und war damit seine Ehefrau, Mutter seiner Kinder, berufliche Kollegin und liebende Partnerin.

Linda starb am 17. April 1998 in Arizona, USA, an Krebs. In einer offiziellen Presseerklärung nach ihrem Tod sagte Paul, »Die Herzen meiner Familie sind gebrochen. Linda war und ist immer noch die Liebe meines Lebens ... Ich hatte das Privileg, 30 Jahre lang ihr Geliebter zu sein ... Sie war einzigartig, und die Welt ist besser, weil ich sie gekannt habe ... Ihre Botschaft der Liebe wird für immer in unseren Herzen weiterleben.«

Pauls Worte waren ein Zeugnis für die tiefe Liebe, die er und Linda füreinander empfanden. Ihr Tod hat ihn zutiefst erschüttert: Er hatte seine Freundin und Seelenverwandte verloren, die 30 Jahre lang seine Kameradin und Geliebte war.

Die Gemeinsamkeiten

Die Ähnlichkeit von Linda und Paul ist besonders gut um die Augen zu erkennen. Achten Sie auf die runde Augenform, den Verlauf des Oberlids und die Brauen.

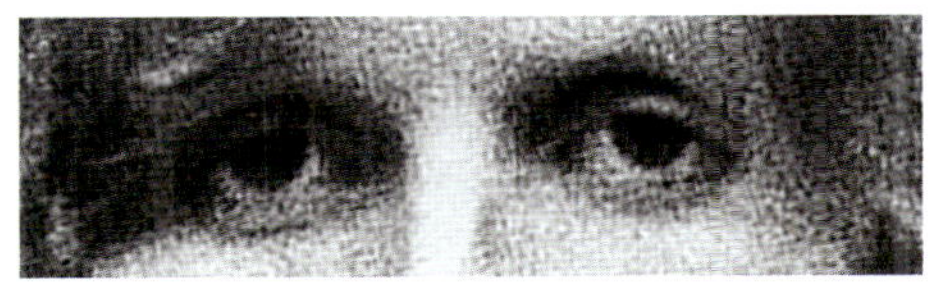

Lindas Augen

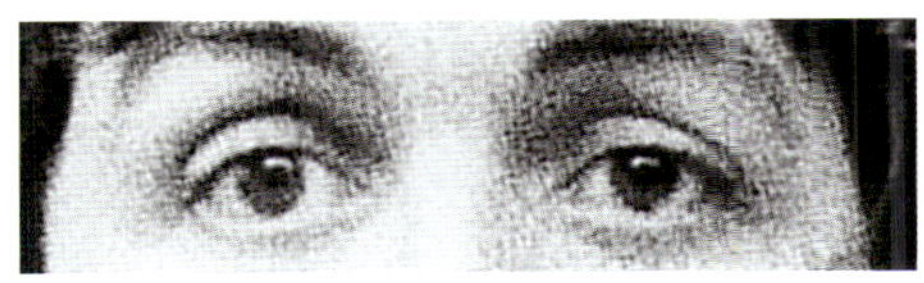

Pauls Augen

Paul McCartney und Heather Mills

Nach dem Tod des Geliebten ist es für den hinterbliebenen Partner wichtig, dass er intensiv trauern kann. Erst danach ist er offen für eine neue Beziehung. Paul McCartney trauerte nach Lindas Tod 1998 in aller Öffentlichkeit und ließ ihr zahlreiche Würdigungen zuteil werden. Im Juli 2001 verlobte er sich mit Heather Mills. Was zog ihn nach dem Tod seiner geliebten Frau zu Heather hin?

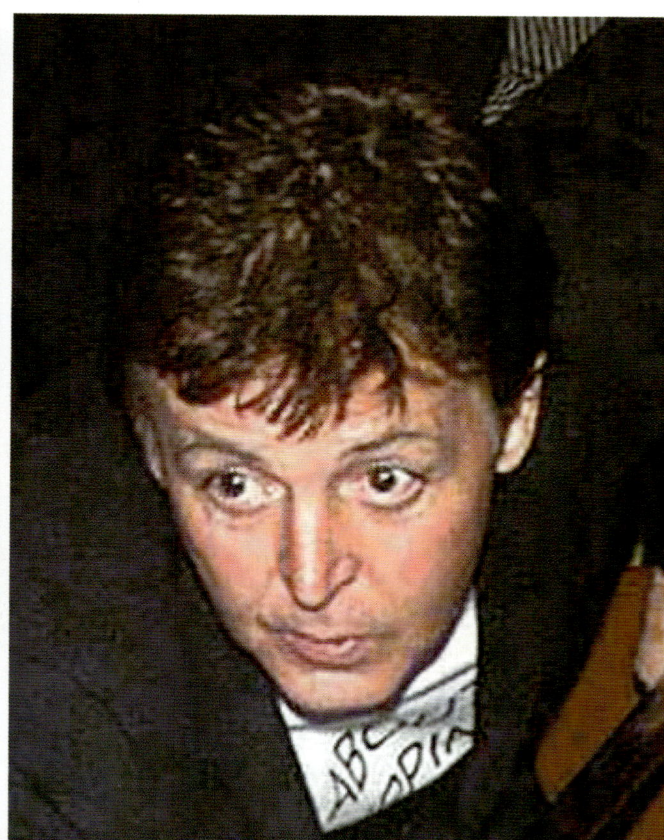

> *Paul sagte, dass er am Anfang seiner Beziehung zu Heather* ***jeden Tag um Linda geweint habe*** *– und dass es* ***Heather*** *war, die ihm durch den* ***Trauerprozess*** *geholfen habe.*

Die visuelle Anziehung zwischen Paul und Linda und Paul und Heather folgt einer simplen Gleichung. Auf den Fotos von Paul und Heather (linke Seite oben) zeigt sich die Ähnlichkeit vor allem in ihrer Augenform. Diese Ähnlichkeit tritt noch deutlicher hervor, wenn man ihre Gesichter von oben betrachtet (linke Seite unten). Auf diesen Fotos sieht man besonders deutlich die ähnlich schmalen Nasen und die auffallend langen Nasenflügel.

Sehen Sie sich nun die Fotos von Paul und Linda auf den Seiten 90–91 an. Die visuelle Ähnlichkeit zwischen den beiden zeigt sich besonders deutlich in der Augenregion. Wenn Paul und Linda Echo-Partner waren und Paul und Heather auch Echo-Partner sind, ist es nahe liegend anzunehmen, dass die beiden Frauen sich ebenfalls ähnlich sehen.

Die Fotos unten zeigen, dass dies tatsächlich der Fall ist. Heather ähnelt Linda, und ihre Gesichtsproportionen sind sich ebenfalls ähnlich.

Lindas Tod hinterließ eine große Lücke in Pauls Leben. Er sagte, er habe am Anfang seiner Beziehung zu Heather jeden Tag um Linda geweint – und dass es Heather gewesen sei, die ihm durch den Trauerprozess geholfen habe. Seiner Ansicht nach kann man sich glücklich schätzen, wenn man die große Liebe erlebt hat – und noch glücklicher, wenn man sie zweimal erlebt.

Wenn eine glückliche Ehe mit dem Tod eines Partners endet, sehnt sich der Hinterbliebene meist danach, diese Liebe noch einmal zu erleben. Deshalb ist es nicht überraschend, dass der zweite Partner häufig eine auffallende Ähnlichkeit mit dem ersten hat.

Zusammenfassung

Einige Menschen glauben, dass die Macht der Liebe so groß sein kann, dass sie über den Tod hinaus andauert. Paula Yates kam nie über den Verlust ihres Echo-Partners Michael Hutchence hinweg. Ihr Schmerz und ihre Verzweiflung trieben sie wahrscheinlich in den Drogen- und Alkoholmissbrauch, der letztlich ihren Tod herbeiführte. Ihre Freunde glauben, dass Paula und Michael jetzt wieder vereint sind.

Als Linda McCartney starb, rief dies in Paul einen viel älteren Schmerz wach: Seine Mutter war an Krebs gestorben, als er 14 Jahre alt war. Die Erinnerung an seine Mutter ist in dem Lied »Let it be« verarbeitet – der wunderschönen Ballade, die er in Anlehnung an einen Traum geschrieben hat, den er zehn Jahre nach dem Tod seiner Mutter hatte. Über die Verarbeitung von Lindas Tod sagte Paul: »Am Ende des Jahres, in dem Linda gestorben war, schrieb ich ein Lied namens ›Magic‹ über die Nacht, in der ich sie kennen lernte ... Ich merkte, dass sich mit diesem Lied etwas Entscheidendes bei mir änderte, denn auf einmal dachte ich, dass ich wirklich stolz darauf bin, jemand so wunderschönes wie Linda 30 Jahre lang gekannt zu haben«. (*Daily Mail*, 10. November 2001)

Linda und Heather sind sich vom Verhalten her ähnlich: starke, mutige Frauen, die für die Dinge kämpfen, die ihnen am Herzen liegen. Linda setzte sich leidenschaftlich für den Tierschutz ein und gründete eine angesehene Firma für vegetarische Lebensmittel. Heather (die jetzt Heather Mills McCartney heißt) machte eine brillante Karriere als Model, bis sie 1993 bei einem Motorradunfall ihren linken Unterschenkel verlor. Trotz dieser Behinderung verfolgte sie ihre Modelkarriere weiter und setzt sich für ein weltweites Verbot von Landminen ein.

Paul hat seine Vorliebe für mutige, mitreißende Frauen beibehalten. Diese wurde in seiner ersten Ehe mit Linda Eastman geprägt – und wiederholt sich nun in seiner zweiten Ehe mit Heather Mills.

Warum ist ein **zweiter** Partner dem **ersten** oft so ähnlich?

John Bayley und Iris Murdoch

John Bayley und Audi Villers

Der zweite Partner ähnelt dem ersten oft entweder in seinen Verhaltensmustern oder in seinem äußeren Erscheinungsbild. Es scheint, dass die Liebe ihre eigene Sprache hat. Einmal erlernt, wird diese Sprache nicht mehr vergessen.

In der zweiten Ehe oder Partnerschaft neigen die Menschen dazu, auf das zurückzugreifen, was sie am besten kennen. Sie entscheiden sich häufig für einen Menschen mit denselben Verhaltensmustern oder für jemanden mit denselben körperlichen Eigenschaften (einschließlich der Gesichtszüge). Das Beziehungsmuster aus der ersten Partnerschaft ist schwer zu durchbrechen, daher wird es wiederholt – selbst wenn das die Wiederholung einer unglücklichen Situation bedeutet.

Dies ist ein uraltes Phänomen. Im Alten Testament wird König Salomon von zwei Witwen um Rat gefragt, ob sie sich wieder verheiraten sollten. Er rät der Witwe, die unglücklich verheiratet gewesen ist, allein zu bleiben; die Witwe, die eine glückliche Ehe geführt hat, ermutigt er, noch einmal zu heiraten.

Die Würfel sind gefallen

Menschen, die eine glückliche Ehe geführt haben, werden höchstwahrscheinlich wieder heiraten wollen, um ihr Glück zu wiederholen. Manchmal werden Verhaltensmuster aus der alten Beziehung in der neuen wiederholt – womöglich durch die Wahl eines ähnlich dominanten oder unterwürfigen zweiten Partners. Es sind aber nicht nur die Verhaltensmuster, die sich wiederholen; oft ähnelt der zweite Partner dem ersten auch äußerlich.

John Bayley, Schriftsteller und ehemaliger Professor für Englisch an der Universität Oxford, sah seine spätere Frau, die Schriftstellerin Iris Murdoch, zum ersten Mal, als sie mit dem Fahrrad an seinem Fenster vorbei fuhr. In seinen Memoiren *Elegie für Iris* erzählt er, dass er sich in dem Moment, als er sie sah, vorstellte, dass »sie einfach herumradelte und auf mich wartete«. War das der Moment, in dem er sich in sie verliebte?

John Bayley und Iris Murdoch waren ein Echo-Paar. Die obere Reihe der Fotos auf der rechten Seite zeigt die Ähnlichkeiten zwischen den beiden, besonders in der Augenform. Der Abstand zwischen den Augen und den Augenbrauen ist bei beiden gleich und die Form von Nase und Kinn ähneln sich. Außerdem haben sie beide einen ähnlichen Ausdruck um den Mund.

Es ist möglich, dass sich die äußerlichen Übereinstimmungen bei Echo-Paaren im Charakter fortsetzen: Echo-Partner sehen nicht nur ähnlich aus, sie verhalten sich auch ähnlich. Solche Partnerschaften können möglicherweise besser mit emotionalen Belastungen umgehen als andere – durch die Freundschaft, das Einfühlungsvermögen und das gegenseitige Verständnis, das sich die Partner entgegenbringen. John führte mit Iris eine lange und glückliche Ehe und pflegte sie, als sie an Alzheimer erkrankte, bis zu ihrem Tod. Im Juni 2000 heiratete er Audi Villers, mit der sich die liebevolle Beziehung aus seiner ersten Ehe wiederholt.

Eine zweite Chance

Auch die Echo-Partnerschaft, die John mit Iris teilte, wiederholt er in seiner zweiten Ehe mit Audi Villers. Die mittlere Reihe der Fotos auf der rechten Seite zeigt die Ähnlichkeit zwischen John und Audi, besonders in der Mundform. Sie haben denselben großen Abstand zwischen Nase und Mund und eine ähnliche Kinnform.

Audi und Iris sehen sich ebenfalls ähnlich. Die Fotos unten auf der rechten Seite zeigen die Ähnlichkeiten zwischen beiden um den Mund und in der Form der Wangen und des Kinns. Audi und ihr Ehemann Borys waren über viele Jahre hinweg mit den Bayleys befreundet. Audi und Iris standen sich nahe, und enge Freunde können auch Echo-Elemente haben. Wenn eine Frau die Echo-Partnerin ihres Mannes ist und gleichzeitig einer engen Freundin ähnlich sieht, findet ihr Ehemann die Freundin dann auch attraktiv? Wenn die Ehefrau stirbt, wird sich der Ehemann zu ihrer Echo-Freundin hingezogen fühlen und auf diese Weise vielleicht versuchen, seiner verstorbenen Frau näher zu sein oder wieder glücklich zu werden?

*»Wir **drei** scheinen viel **gemeinsam** zu haben, was Gesichtszüge und **Gesichtsausdruck** betrifft.« (John Bayley in einem Brief an die Autorin)*

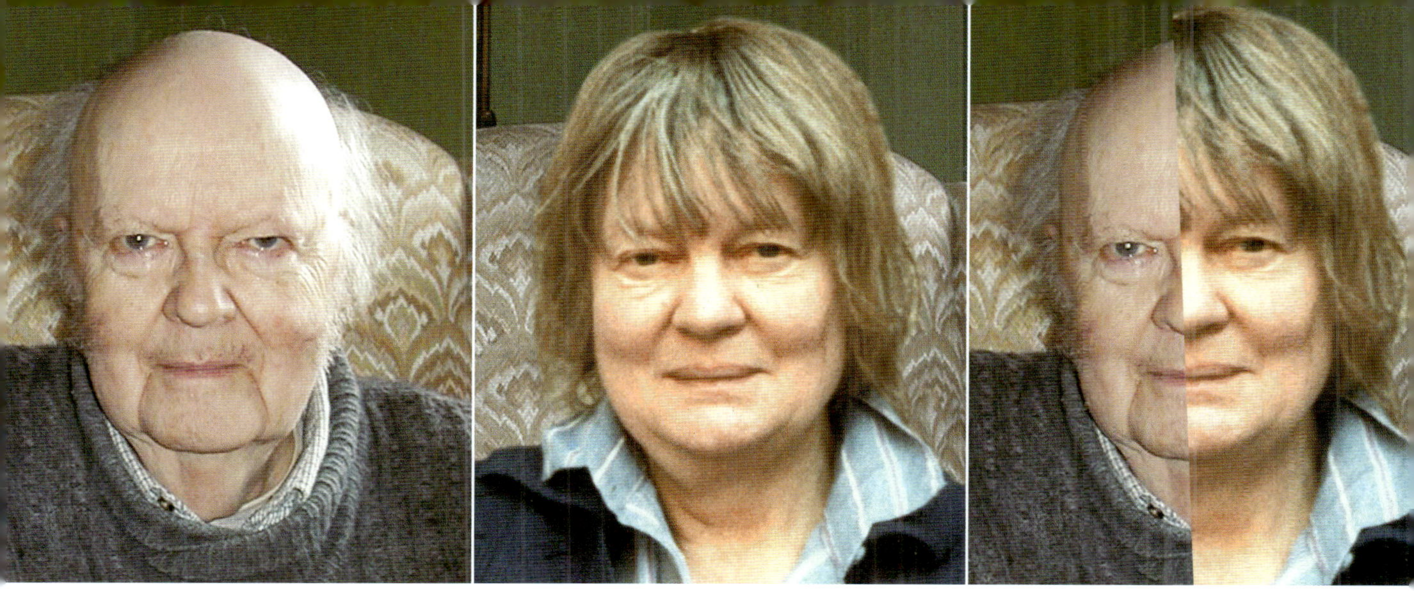

John und Iris sind Echo-Partner: Achten Sie auf die Augenform, den Abstand zwischen Augen und Augenbrauen und auf die Nase.

John und Audi sind Echo-Partner: Achten Sie auf die Mundform, den Abstand zwischen Nase und Mund und auf das Kinn.

Iris und Audi haben Echo-Elemente: Achten Sie auf den Mund, seinen Ausdruck und die Form von Wangen und Kinn.

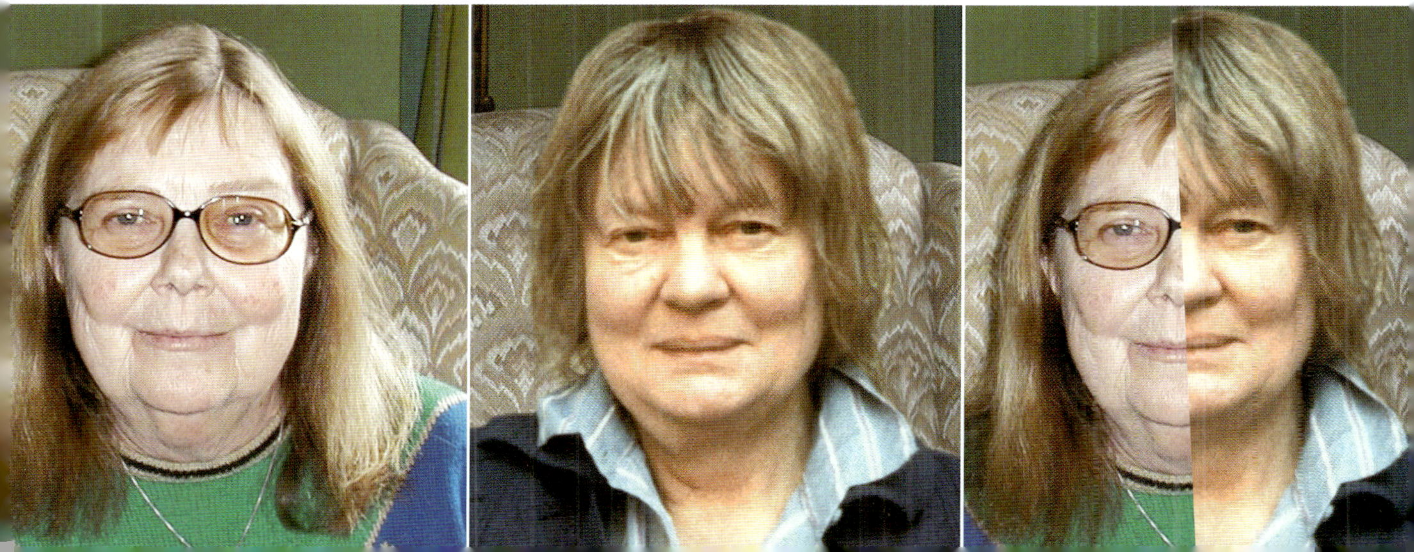

In Daphne du Mauriers berühmtem Roman *Rebecca* heiratet die Erzählerin den dominanten Maxim de Winter, dessen erste Frau Rebecca gestorben ist. Schüchtern und unscheinbar kämpft die neue »Frau de Winter« in dem Versuch, sie in Maxims Heim und Herzen zu ersetzen, mit dem Geist der schönen, aber untreuen Rebecca. Rebecca scheint als böser Geist weiterzuleben, ihr Schatten verursacht Unstimmigkeiten und bedroht das Eheglück des neuen Paares.

Die umgekehrte Situation tritt auf, wenn die Liebe zu einem Verstorbenen zwei andere Menschen verbindet; diese Konstellation – das umgekehrte Rebecca-Syndrom – kann man in der Geschichte von John Bayley, Iris Murdoch und Audi Villers erkennen. John und Iris waren Echo-Partner und führten eine glückliche Ehe. Iris, Audi und John waren Freunde mit gemeinsamen Echo-Elementen. Wie John bereits beobachtet hatte: »Wir drei scheinen viel gemeinsam zu haben.«

Zusammenfassung

John Bayley wiederholte in seiner zweiten Ehe die Muster aus seiner ersten. Er ist ein wunderbares Beispiel für das »Syndrom der zweiten Ehe« und die Weisheit des Königs Salomon: Diejenigen, die eine glückliche erste Ehe geführt haben, sollten auch ein zweites Mal heiraten.

Paul McCartney und John Bayley konnten in ihrer Trauer auf ihre kreativen Ressourcen zurückzugreifen, die es ihnen ermöglichten, den Schmerz zu durchleben und mit dem Verlust fertig zu werden. John Bayley schrieb ausführlich über Iris Murdoch, über ihr gemeinsames Leben, ihre Freunde und ihre Krankheit. Paul würdigte Linda in seiner Musik. Die Fähigkeit, ihre Trauer auszudrücken, half beiden Männern, damit umzugehen und wieder eine neue Liebe und neues Glück zu finden.

John und Audi hatten außerdem ihre Zuneigung zu Iris gemeinsam. Johns Artikel in der *Times* vom 19. März 2001, nach seiner Heirat mit Audi, bestätigte dies: »Weder sie noch ich waren zuvor kirchlich getraut worden, und es schien uns beiden eine neue Art von Beziehung zu eröffnen – unsere eigene, ganz besondere Verbindung. Es kam uns beiden vor, als ob Iris bei der Hochzeit anwesend wäre, in der Kirche, die sie so gut gekannt hatte, und als ob sie uns von oben zulächelte.« Als er die Ähnlichkeiten zwischen sich selbst, Iris und Audi auf den Fotos von Seite 97 sah, schrieb Bayley: »Meine erste Frau Iris und meine zweite Frau Audi waren sehr enge Freundinnen und wir drei scheinen vieles gemeinsam gehabt zu haben, sowohl in den Gesichtszügen als auch vom Gesichtsausdruck.«

Prima

Copula

Wenn sich jemand zu seinem Prima-copula-Partner hingezogen fühlt, ist noch nicht gesagt, dass dieser seine Zuneigung auch erwidert. Bei diesem Anziehungsmuster muss es nicht unbedingt Ähnlichkeiten in den Gesichtsproportionen oder -formen des Paares geben.

Pima-copula-Paare

Bei diesem Anziehungsmuster ähnelt der Partner unserer ersten frühkindlichen Bindungsperson – das kann die Mutter, ein Kindermädchen, eine Tante, eine Schwester oder der Vater gewesen sein. Diese Liebe ist oft stürmisch und emotional aufgeladen und wird sehr unüberlegt eingegangen.

Die erste Bindung

Der emotionalen und sexuellen Bindung an die frühkindliche Bezugsperson wurde erstmals 1920 Aufmerksamkeit geschenkt. Damals schockierte Sigmund Freud in einer Vortragsreihe in Wien sein Publikum, als er seine Theorie der frühkindlichen Sexualität vorstellte. Er ging davon aus, dass Jungen ihre Mutter sexuell begehrten und besitzen wollten, während Mädchen sich in ihren Vater verliebten und die Mutter ablehnten. Auch wenn ein Baby zunächst von einer Amme großgezogen wird, geht die Zuneigung nach Freud später auf die Eltern über. In manchen Fällen kann die Bindung an eine Bezugsperson, die nicht die Mutter oder der Vater ist, auch bestehen bleiben, wenn etwa während der prägenden Jahre sehr viel Zeit mit der Person verbracht wird. Meistens ist die Mutter die erste Bezugsperson.

Als Freud die emotionale und sexuelle Verbindung zwischen Kind und erster Bezugsperson aufdeckte, hatte er noch nicht die technischen Möglichkeiten zur Verfügung, mit denen wir im 21. Jahrhundert die visuelle Verbindung untersuchen können. Dank Fotokopierern und Computern konnte die Forschung zu Freuds Theorie auf äußerliche Ähnlichkeiten zwischen den Menschen ausgedehnt werden. Es geht also darum, dass wir uns im frühen Kindesalter in ein bestimmtes Aussehen verlieben und unbewusst ein Leben lang ein inneres Bild davon in uns tragen. Treffen wir als

Erwachsene jemanden, der diesem Menschen ähnlich sieht, dann verlieben wir uns instinktiv in ihn, so wie wir es als Kind taten.

Eine Prima-copula-Beziehung ist eine ganz ursprüngliche Liebe, die häufig durch die Bedürfnisse und Unsicherheiten der Kindheit genährt wird. Wenn die Bezugsperson in der frühen Kindheit oft abwesend ist, entsteht ein verstärktes Verlangen nach Gemeinsamkeit, das später nur durch den Prima-copula-Partner gestillt werden kann. Oft stürzen sich Männer in so eine Beziehung, ohne sich Gedanken über bereits bestehende Verpflichtungen oder ihre Stellung zu machen. Sie vertrauen der Frau instinktiv, weil diese Liebe bis an ihre Wiege zurückreicht. Durch das Vertrauen in einen Partner überwindet man viele Hindernisse. Meist hat die Frau in solch einer Partnerschaft viel Macht – schließlich übernimmt sie eine Art Mutterrolle.

Die Pima-copula-Liebe ist äußerst intensiv, und sie kann emotionale Achterbahnfahrten bescheren. Einerseits vertraut man der Mutterfigur, doch andererseits ist diese Liebe sehr besitzergreifend und dominierend. Sie ist leidenschaftlich und wird oft von heftiger Eifersucht begleitet (das erinnert an die Eifersucht eines Kleinkindes im Hinblick auf seine Bezugsperson). Diese Liebe kommt einfach über einen und wirkt überwältigend. Man muss sich ihr öffnen und wird dadurch verletzlich. Ob eine so intensive Beziehung hält, hängt meist davon ab, wie die Fähigkeit, Liebe zu geben und zu empfangen, durch die Kindheitserfahrungen beeinflusst wurde. Manchmal ist es schwierig, ein friedliches Nebeneinander zu erreichen, doch vom Objekt der Begierde getrennt zu sein schmerzt noch viel mehr. Menschen, die denselben Partner mehrmals heiraten, folgen in den meisten Fällen diesem Anziehungsmuster.

*Die Prima-copula-Liebe ist **äußerst intensiv**, und sie kann **emotionale Achterbahnfahrten** bescheren.*

DAS OPTISCHE ELEMENT

Der Prima-copula-Partner sieht der ersten Bezugsperson zu dem Zeitpunkt ähnlich, als die frühkindliche Bindung geknüpft wurde. Wenn etwa die Mutter eines Mannes eine schlanke Frau mit braunem Haar war, als sie ihn im Kinderwagen herumfuhr, dann ist seine Prima-copula-Partnerin meist ebenfalls schlank und dunkelhaarig. Sie ähnelt nicht seiner Mutter, wie sie heute aussieht. Entscheidend ist das innere Bild, das in seinem Unterbewusstsein all die Jahre vorhanden war, bis er als Erwachsener vielleicht einmal die Ähnlichkeit einer anderen Frau mit diesem Bild wahrnimmt. Bei Brüdern mit größerem Altersunterschied können die Prima-copula-Partnerinnen sich erheblich voneinander unterscheiden, wenn sich das Aussehen der Mutter zwischen den Geburten verändert hat.

Weil die Anziehung meist unterbewusst motiviert ist, fällt dem Mann die Ähnlichkeit der Partnerin mit seiner Mutter oft gar nicht auf. Der natürliche Alterungsprozess seiner Partnerin tut seiner Liebe jedenfalls keinen Abbruch, weil die Falten und veränderten Formen ja auch seine Liebe zur Mutter oder zum Kindermädchen nicht beeinträchtigt haben. Eine Frau, die in einer Prima-copula-Beziehung lebt und sich ihrer Rolle bewusst ist, sollte also besser auf Schönheitsoperationen verzichten, um nicht einen Teil ihrer Ähnlichkeit mit der ersten Bezugsperson des Mannes zu verlieren.

Manchmal sieht die Prima-copula-Partnerin der Mutter ihres Partners sogar ähnlicher als ihrer eigenen. Es ist interessant, auf Hochzeitsfotos die Mutter des Bräutigams zu betrachten. Oft sind Ähnlichkeiten mit ihrer Schwiegertochter zu entdecken, sei es beim Lächeln, bei der Kopfform oder bei bestimmten Gesichtspartien. Die stärkste Liebe ist die eines kleinen Kindes zu seiner Mutter. Eine Prima-copula-Liebe wird durch die Sehnsucht getrieben, zu der Sicherheit dieser Liebe zurückzukehren.

Ist die **Mona Lisa** ein frühes Beispiel für eine **Prima-copula-Liebe**?

Mona Lisa und Leonardo da Vinci

Die Mona Lisa ist das berühmteste Gemälde der Welt. Es ranken sich zahllose Theorien darum, wer die Frau mit dem rätselhaften Ausdruck und dem sanften Lächeln wohl war. Manche meinen, ihr Vorbild sei eigentlich ein Mann gewesen, vielleicht sei das Bild sogar ein Selbstporträt Leonardos, weil es deutliche Übereinstimmungen zwischen dem Künstler und dem Modell gibt.

Giorgio Vasari, der Autor des Buches *Lebensläufe der berühmtesten Maler, Bildhauer und Architekten*, das 1550 erschien und heute noch verlegt wird, behauptet, das Modell sei eine junge Florentinerin namens Lisa Gherardini gewesen. Sie war die Frau des wohlhabenden Francesco del Giocondo; deshalb ist das Gemälde auch unter dem Namen *La Gioconda* bekannt.

Ein Liebesdienst?

Die Arbeit an der Mona Lisa begann 1503. Es dauerte ganze vier Jahre bis zur Vollendung des Gemäldes. Leonardo beauftragte sogar Musiker zur Unterhaltung während der Sitzungen, damit das Modell nicht die Lust verlor.

Es ist das einzige erhaltene Porträt, das Leonardo alleine ausgeführt hat, und es scheint ein reiner Liebesdienst gewesen zu sein, denn es wurde weder von ihrem Ehemann in Auftrag gegeben, noch ist ein anderer reicher Auftraggeber bekannt. Leonardo konnte sich lange nicht von dem Bild trennen, er nahm es mit nach Mailand und Frankreich. Später wurde es von König François I. erworben, er kaufte es entweder Leonardo selbst oder einem seiner Erben ab.

Beim Vergleich des Gemäldes mit dem einzigen bekannten Selbstporträt Leonardo da Vincis (von 1512, hier spiegelverkehrt abgebildet) erkennt man, dass Künstler und Modell Harmonie-Partner sind. Vergleichen Sie die Abstände zwischen den Hauptgesichtszügen und die großen, gerundeten Stirnen. Die Ähnlichkeit der Augenform ist außerdem ein Echo-Element.

Doch das Verhältnis von Leonardo und La Gioconda beschränkt sich nicht nur auf Echo- und Harmonie-Elemente. Durch die Ähnlichkeit der beiden mit Leonardos Mutter spielt auch Prima copula eine Rolle. Leonardo wurde am 15. April 1452 in Vinci bei Florenz geboren. Er war ein unehelicher Sohn des Notars Ser Piero da Vinci und des Bauernmädchens Caterina. Wahrscheinlich wurde

Caterina von ihren Eltern verstoßen und ließ ihren Sohn bei seinem Vater zurück, der ihn zusammen mit der Frau aufzog, die er kurz zuvor geheiratet hatte: Albiera di Giovanni Amadori.

Obwohl er schon so früh von seiner Mutter getrennt wurde, beweisen Briefe, dass er in späteren Jahren noch Kontakt zu ihr hatte. Im Alter zog sie zu ihm nach Mailand. Man glaubt, dass die Frau auf der Skizze links unten (spiegelverkehrt abgebildet) seine Mutter ist. Die Proportionen ihres Gesichts stimmen mit denen Leonardos überein (siehe links oben) – und es besteht auch eine Ähnlichkeit mit der Mona Lisa (siehe oben).

Sigmund Freud meinte, das Lächeln der Mona Lisa habe die verdrängte Erinnerung Leonardos an das Lächeln seiner Mutter geweckt. Freud stellte sogar die These auf, die Faszination dieses Lächelns sei so groß gewesen, dass Leonardo versucht habe, in allen seinen Frauenbildern dieses verzückte Lächeln abzubilden.

*Sigmund Freud meinte, **das Lächeln der Mona Lisa** habe die **Erinnerung** Leonardos an das Lächeln seiner Mutter geweckt.*

Zusammenfassung

Es kann durchaus sein, dass Leonardo für La Gioconda eine Prima-copula-Liebe spürte. Das könnte auch der Grund dafür sein, dass in seinen folgenden Gemälden das Gesicht der Madonna oft eine gewisse Ähnlichkeit mit La Gioconda aufweist.

Vielleicht liegt das Geheimnis des genialen Malers darin, dass er sich selbst in goldenes Licht getaucht fühlte – das von der inneren Wärme stammte, die er endlich durch die ersehnte Wiedervereinigung mit seiner Mutter, personifiziert durch La Gioconda, empfand. In dieser außergewöhnlichen Beziehung könnte die Erklärung für ihr rätselhaftes Lächeln liegen, das sowohl verführerisch als auch selbstbewusst ist. Vielleicht beruht ihre Selbstsicherheit auf dem Wissen um die Wirkung, die sie auf den Maler hatte. Man wird wohl nie erfahren, wie das Porträt in den Besitz von François I. gelangte. Manche Chronisten berichten, dass Leonardo sogar die Anweisung gab, ihn nach seinem Tode zusammen mit dem Gemälde zu begraben. Doch auf welchem Weg auch der Künstler letztlich von seinem Meisterstück getrennt wurde – 500 Jahre später können wir die Mona Lisa als Objekt einer Prima-copula-Liebe betrachten und das Erstaunen nachfühlen, das Leonardo bei ihrem Anblick spürte.

Welche **Liebe** steckt hinter **modernen Märchen?**

Kronprinz Willem Alexander und Maxima Zorreguieta

Wir alle kennen die Märchen, in denen ein einfaches Mädchen einen schönen Prinzen heiratet, doch solche Geschichten gibt es auch im wirklichen Leben. Meist steckt das Prima-copula-Muster dahinter, wenn jemand aus dem einfachen Volk in die königliche Familie aufgenommen wird oder ein Durchschnittsbürger plötzlich zum Jetset gehört.

Bei einer Fiesta in Sevilla lernte Kronprinz Willem Alexander der Niederlande Maxima Zorreguieta kennen – sie stammt aus Argentinien, arbeitete als Bankerin in New York und verbrachte ihren Urlaub in Spanien.

Angeblich wusste Maxima am Anfang gar nichts von der königlichen Abstammung Willems. Es entwickelte sich eine Romanze zwischen dem Erben des Königshauses Oranien-Nassau und einem jungen Mädchen, das aufgrund seiner Herkunft von vornherein nicht als mögliche Braut und zukünftige Königin der Niederlande infrage kam. Maxima ist die Tochter von Jorge Zorreguieta, der während der brutalen Militärdiktatur Jorge Videlas' argentinischer Landwirtschaftsminister war. Videlas ließ zwischen 1976 und 1983 Tausende seiner Gegner foltern und ermorden. 30 000 Menschen werden seitdem vermisst, man nennt sie »die Verschwundenen«.

Liebe überwindet alle Hindernisse

Die Verbindung zwischen Willem und Maxima war von Anfang an stark umstritten, vor allem aus politischen Gründen. Man befürchtete eine konstitutionelle Krise und forderte, Willem solle sich zwischen seiner Liebe und dem Thron entscheiden. Neben der Vergangenheit von Maximas Vater sprachen auch die verschiedenen Konfessionen dagegen: Maxima ist katholisch und wollte ihren Glauben beibehalten, aber Willem ist der zukünftige Monarch eines protestantischen Landes.

Doch nichts von alledem konnte Willem von seiner Liebe abbringen; es stand für ihn nie zur Debatte, Maxima Zorreguieta zu verlassen. Sie ist seine Prima-copula-Liebe: Ihr Gesicht ähnelt dem seiner Mutter. Die Ähnlichkeit von Maxima und Königin Beatrix der Niederlande zeigt sich an der weichen Rundung der Nasenwurzel und den leicht vorstehenden oberen Schneidezähnen. Auch die Formen von Gesicht und Kinn stimmen überein.

Da die beiden Frauen oft den gleichen Gesichtsausdruck haben, ist es wahrscheinlich, dass sie auch auf die gleiche Art altern werden. Egal, ob jung oder alt, adlig oder nicht – die Prima-copula-Partnerin wird von ihrem Mann immer auf die gleiche Weise geschätzt und geachtet. Das Älterwerden braucht solche Frauen in dieser Hinsicht kaum zu beunruhigen, denn die Zeit formt ihre Züge meist so, dass sie noch größere Ähnlichkeit mit der ersten Bezugsperson bekommen, die ihrem Partner lieb und teuer ist.

Kronprinz Willem heiratete Maxima im Februar 2002, nachdem sie das Volk der Niederlande auf ihre Seite bringen konnte. Sie wird »die holländische Diana« genannt. Die Kirche, in der die Hochzeit stattfand, war mit 30 000 Blumen geschmückt. Zu der Vermählung kamen Repräsentanten des gesamten europäischen Hochadels und 70 Angehörige der europäischen Königshäuser. Sie alle waren Zeugen der Hochzeit des überglücklichen Paares, dessen Liebe fast das Land gespalten hätte.

*Es stand für Willem **nie zur Debatte,** Maxima Zorreguieta zu verlassen. Sie ist seine **Prima-copula-Liebe**.*

Zusammenfassung

Die stärkste Liebe ist die eines Kindes zu seiner ersten Bezugsperson. Trifft ein Erwachsener jemanden, der seinem inneren Bild von dieser Person entspricht, so fühlt er sich ihm sofort verbunden und empfindet ein Gefühl der Zusammengehörigkeit und Vollständigkeit.

Es spricht sehr für Königin Beatrix, dass sie standhaft für die Partnerwahl ihres Sohnes eintrat. An dieser Verbindung sollte nicht gerüttelt werden, egal, aus welchem Lager die Gegner kamen. Menschen, die einen Prima-copula-Partner gefunden haben, lassen sich weder durch Vernunftgründe noch durch ihre Familie oder aufgrund von Geld, Religion oder Herkunft davon abbringen. Diese Liebe überwindet alle Hindernisse.

Warum kann es für **Camilla** bei **Charles** keine ernsthafte Konkurrentin geben?

Prinz Charles und Camilla Parker Bowles

Im Park von Windsor war es windig und regnerisch, als sich Prinz Charles und Camilla Shand zum ersten Mal begegneten. Charles war 22 Jahre alt und kam frisch von der Universität Cambridge. Camilla war ein Jahr älter. Über eine Stunde lang unterhielten sie sich angeregt – das war der Beginn einer Beziehung, die inzwischen über 30 Jahre andauert.

Für viele Menschen ist es ein Rätsel, warum diese Liebe Charles und Camilla schon so lange verbindet. Sie können nicht verstehen, warum er Camilla seiner früheren Frau, Prinzessin Diana, vorzog. Galt doch Diana als eine der bezauberndsten Frauen der Welt. Wie konnte die naturverbundene und bodenständige Camilla überhaupt in der Konkurrenz zu der schönen Prinzessin bestehen? Vom visuellen Standpunkt aus ist diese Frage leicht zu beantworten: Camilla ähnelt Charles' erster Bezugsperson.

Ein Gesicht aus der Vergangenheit

Es heißt, Liebe macht blind, doch tatsächlich schärft sie die Sehkraft. Man nimmt das Aussehen eines Menschen in Sekundenbruchteilen wahr, viel schneller, als man denken kann. Da ist keine Zeit, sich unbewusste Anziehungsmechanismen bewusst zu machen. Die Liebe auf den ersten Blick lässt uns keine Zeit, das Wesen des anderen zu erfassen. Es funktioniert rein visuell.

Die Geschichte hinter der Romanze zwischen Charles und Camilla beginnt 1940, als Mabel Anderson, die Tochter eines Polizisten aus Essex, Kindermädchen des neugeborenen Prinzen wurde. Für Freunde und für den Hofstaat galt sie als seine Ersatzmutter. Sie war immer der erste Mensch, an den Charles sich wandte, wenn er Hilfe, Trost oder Rat brauchte. Seine Mutter, Königin Elizabeth, sah Charles nur zweimal am Tag: um 9 Uhr und um 16.30 Uhr, für jeweils eine halbe Stunde. Sie liebte ihn, aber ihre Aufgaben gestatteten es der Queen leider nicht, so viel Zeit mit ihrem Erstgeborenen zu verbringen, wie sie gewollt hätte. Sie ist die Monarchin in der Geschichte, die die meisten Reisen unternommen hat, und sie setzt sich für ihr Land und die Länder des Commonwealth unermüdlich und mit harter Selbstdisziplin ein.

Charles verbrachte seinen ersten Geburtstag allein mit Mabel Anderson, da die Queen den Herzog von Edinburgh zu einer Flotteninspektion nach Malta begleitete. Auf dem Foto links fährt Mabel, der Charles den Kosenamen »Mispy« gab, ihn an seinem zweiten Geburtstag im Kinderwagen spazieren. An seinem dritten Geburtstag war seine Mutter wieder nicht da – sie musste nach Kanada reisen. Für die Queen waren ihre Pflichten gegenüber dem Königshaus stets wichtiger als alles andere, auch wenn sie einen hohen Preis dafür zahlen musste. Wie oft hat sie sich wohl bei formellen Anlässen gewünscht, sie könnte stattdessen wie andere Mütter auch ihre Kinder ins Bett bringen und ihnen Gutenachtgeschichten vorlesen? Es heißt, sie habe weder Charles' erste Schritte noch sein erstes Wort miterlebt. Sein geliebtes Kindermädchen Mispy nahm die Mutterrolle ein.

In der Biografie *The Prince of Wales* von Jonathan Dimbleby beschreibt Charles Mabel als warmherzig, liebevoll und einfühlsam. Diese mütterlichen Eigenschaften sieht er auch in Camilla.

*In **Camilla Parker Bowles** hat Charles eine **Frau** gefunden, die seinem **geliebten Kindermädchen Mispy** – Mabel Anderson – ähnelt.*

Mabel Anderson und Camilla Parker Bowles kommen zwar aus unterschiedlichen Verhältnissen, aber sie sind doch aus demselben Stoff gemacht. Camilla sieht dem Kindermädchen aus Charles' Kindheit auffallend ähnlich – und die früheste Kindheit ist auch jene Zeit, in der unsere erste Bindung entsteht. Beide Frauen besitzen die gleiche Kopf- und Gesichtsform – und genau das sind die Merkmale, die man unterbewusst als Erstes wahrnimmt. Deshalb fühlen wir uns häufig zu demselben Typ hingezogen. Im Halbprofil erkennt man die Ähnlichkeit zwischen beiden Frauen noch deutlicher.

Wäre Charles nicht Thronfolger gewesen, hätte er um 1970 zweifellos Camilla geheiratet. Für seine Brautwahl gab es aber strenge Regeln. Seine Zukünftige musste protestantisch sein, was schon einmal einige europäische Prinzessinnen ausschloss, die ein Leben nach den Regeln des Hofes gewohnt gewesen wären. Eine Braut aus der britischen Aristokratie wäre zwar auch erlaubt gewesen, aber nur, wenn sie einen absolut tadellosen Ruf hatte. Offiziell kam Camilla als Braut des Prinzen nicht infrage, doch letztlich siegte die Prima-copula-Liebe doch über das Pflichtbewusstsein.

Die Bande zwischen Prinz Charles und Mabel Anderson wurden im Laufe seines Lebens keineswegs schwächer: Er vertraute ihr nach der Trennung von Diana die Betreuung seiner Kinder William und Harry an, wenn die Jungen bei ihm waren. In Camilla fand er eine Frau, die dem Kindermädchen nicht nur körperlich ähnelt, sondern auch ebenso warmherzig ist.

Die Gemeinsamkeiten

An den Augen und am Mund kann man den Charakter ablesen. Da ihre Augen und Münder so ähnlich sind, ist es kein Wunder, dass Charles Camilla und Mabel mit den gleichen Adjektiven beschrieb. Wer ähnlich aussieht, ähnelt sich auch im Wesen.

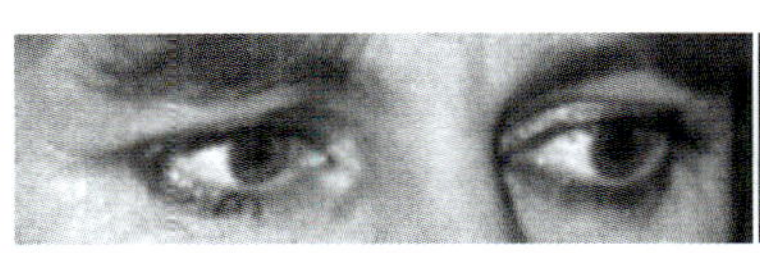

Camillas Augen

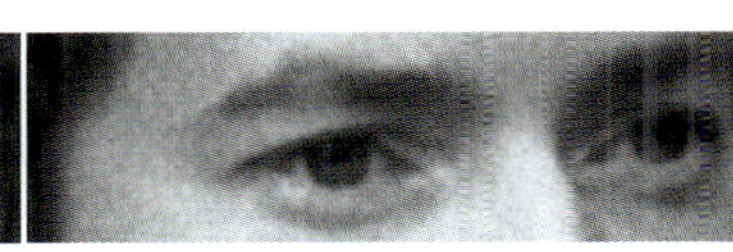

Mabels Augen

Camillas Mund

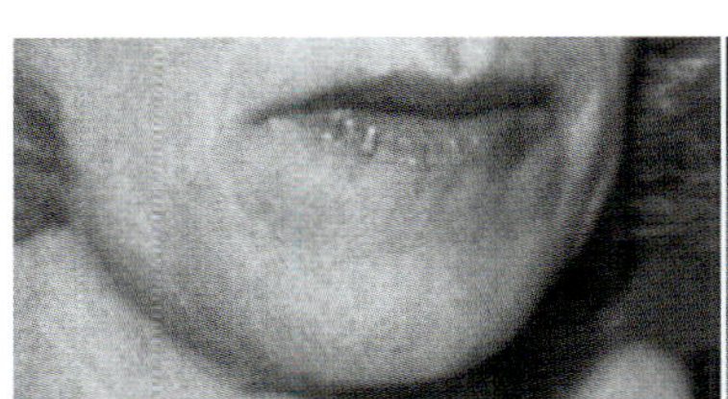

Mabels Mund

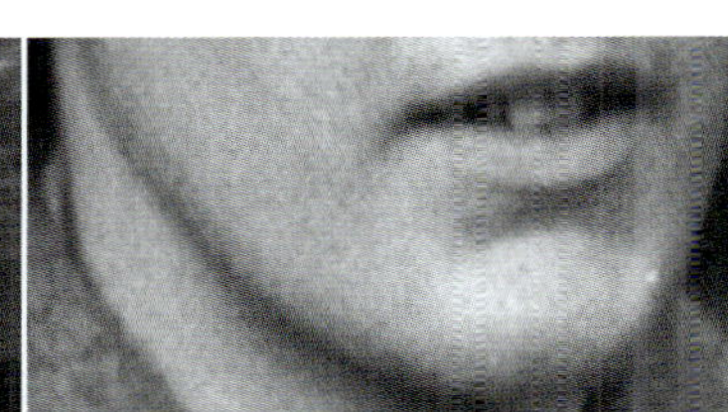

Die Gemeinsamkeiten

- geringer Abstand zwischen Auge und Oberlid
- der Mund zieht sich beim Lächeln nach unten
- die oberen Schneidezähne
- die gleiche Form von Kinn und Unterkiefer

Die Gesichter der beiden Frauen sind nicht nur gleich proportioniert, auch ihre Hauptgesichtspartien, Augen und Mund, haben die gleiche Form. Die Gesichtshälften von Camilla und Mabel passen so exakt zusammen wie die Teile eines Puzzles.

Unterstützung finden

Es kommt nicht nur darauf an, dass Camilla Mabel ähnlich sieht. So wie Charles die beiden mit denselben Adjektiven beschreibt, begegnet er wahrscheinlich beiden Frauen auf gleiche Weise, nämlich mit rückhaltloser Zuneigung und Vertrauen.

Noch wichtiger ist, dass Camilla mit einem vertrauten Verhaltensmuster reagiert, das Charles bereits von seiner ersten Bezugsperson Mabel kennt. Diese Vertrautheit, die auf frühkindliche Erfahrungen zurückgeht, ist für ihn zweifellos ein großes Geschenk angesichts seiner Verpflichtungen gegenüber Königshaus, Öffentlichkeit und Presse.

*Offiziell kam Camilla als Braut **nicht infrage**, doch letztlich siegte die **Prima-copula-Liebe** doch über das Pflichtbewusstsein.*

Zusammenfassung

Menschen, die sich nicht frei und unbefangen unter Leute begeben können, sei es durch ihre Bekanntheit, ihr Vermögen oder ihr Amt, fühlen sich oft isoliert. An der Spitze der Gesellschaft zu stehen mag verlockend erscheinen, aber es kann auch Kälte und Einsamkeit bedeuten. Deshalb sind viele Menschen in dieser Situation auch besonders empfänglich für Beziehungen mit warmherzigen, liebevollen Partnern. Doch sie zahlen einen hohen Preis, wenn sie sich diese Wärme außerhalb ihrer Ehe suchen, denn fast alles, was sie tun, gelangt an die Öffentlichkeit.

Viele Menschen in Charles' Umgebung sind angesichts seiner königlichen Herkunft und seiner Stellung verkrampft und angespannt. Ihm fehlt ein ungezwungener Umgang, mit Wärme, Entspanntheit und einem Gefühl der Sicherheit, wie es normalerweise ein Zuhause vermittelt. Als Erwachsener wünscht man sich diese Wärme, die uns von Kindesbeinen an vertraut ist, wieder zurück.

Besonders bemerkenswert ist die unbeirrbare Loyalität und Würde, mit der Camilla über 30 Jahre lang die teilweise unsäglichen Einmischungen in ihr Privatleben ertrug. Viele Menschen hätten dem Druck der Öffentlichkeit, dem sie immer wieder ausgesetzt war, nicht standgehalten.

Kann ein Mann einfach **nicht widerstehen**, wenn er seine Pima-copula-Liebe trifft?

John F. Kennedy jr. und Carolyn Bessette

Kann ein Mann seiner Prima-copula-Liebe besser widerstehen, wenn er sehr streng erzogen wurde? Wirkt sich die Erziehung auf sein Verhalten aus und bremst seine Leidenschaft?

Anscheinend nicht, denn aus dem berühmten Knaben, der mit so viel Selbstbeherrschung am Sarg seines Vaters, Präsident John F. Kennedy, salutierte, wurde ein Mann, der nach einem Streit mit seiner Freundin am Straßenrand saß und hemmungslos weinte.

John F. Kennedy jr. war der Sohn von Jackie Kennedy, der First Lady. Weil sie oft unterwegs war und den Präsidenten bei politischen Anlässen begleitete, muss sich der Junge sehr nach einer mütterlichen Figur gesehnt haben. Nachdem er in Carolyn Bessette, die Jackie ähnelte, seine Prima-copula-Partnerin gefunden hatte, war ihm der Gedanke unerträglich, sie wieder zu verlieren.

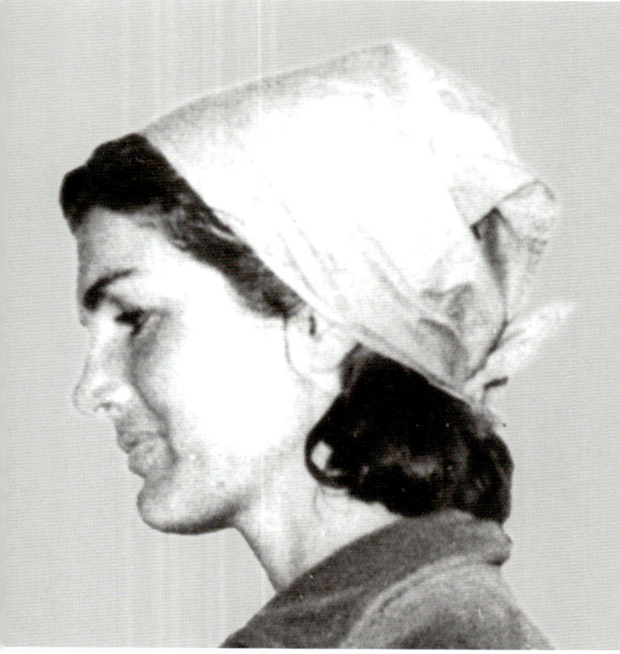

Von einem Moment zum nächsten wurde Carolyn Bessette die ***Prima-copula-Liebe*** *eines der* ***begehrtesten Junggesellen*** *der Welt.*

Blitz-Anziehung

Verliebte sich John F. Kennedy jr. auf den ersten Blick in Carolyn? Wie berichtet wird, sah er sie beim Rollschuhlaufen im New Yorker Central Park.

Bei Prima-copula-Beziehungen registriert man das Aussehen eines Menschen in Sekundenbruchteilen, auch wenn die Ähnlichkeit mit der ersten Bezugsperson nur flüchtig ist. Vielleicht nahm John F. Kennedy jr. wahr, dass Carolyns Profil dem seiner Mutter ähnelt. Von einem Moment zum nächsten wurde die elegante PR-Managerin der Modefirma Calvin Klein die Prima-copula-Liebe eines der begehrtesten Junggesellen der Welt. Einem Freund gestand er: »Ich fühle mich zu Frauen hingezogen, die wie meine Mutter einen starken Willen haben.« (Edward Klein, *The Kennedy Curse*)

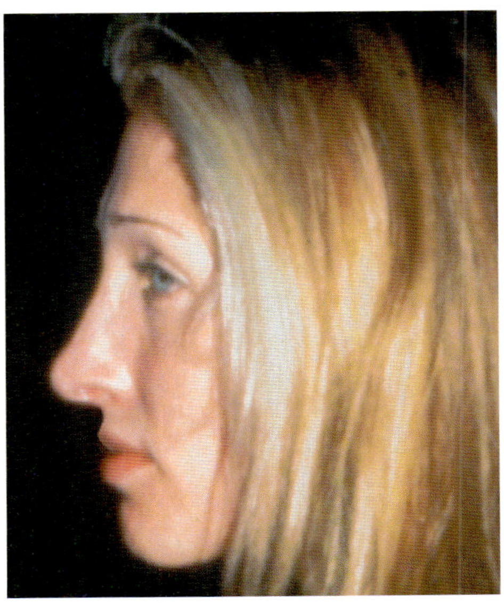

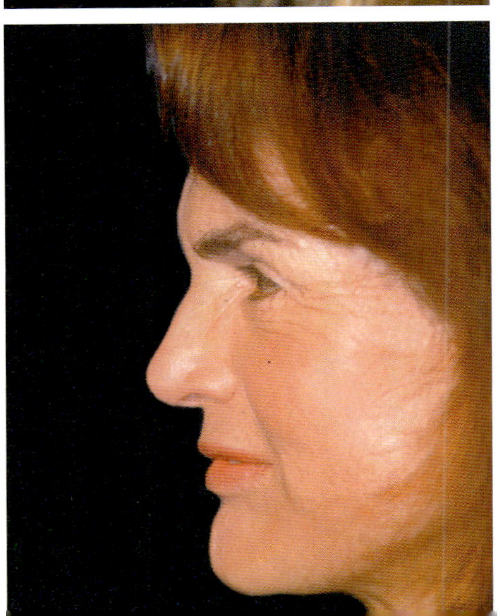

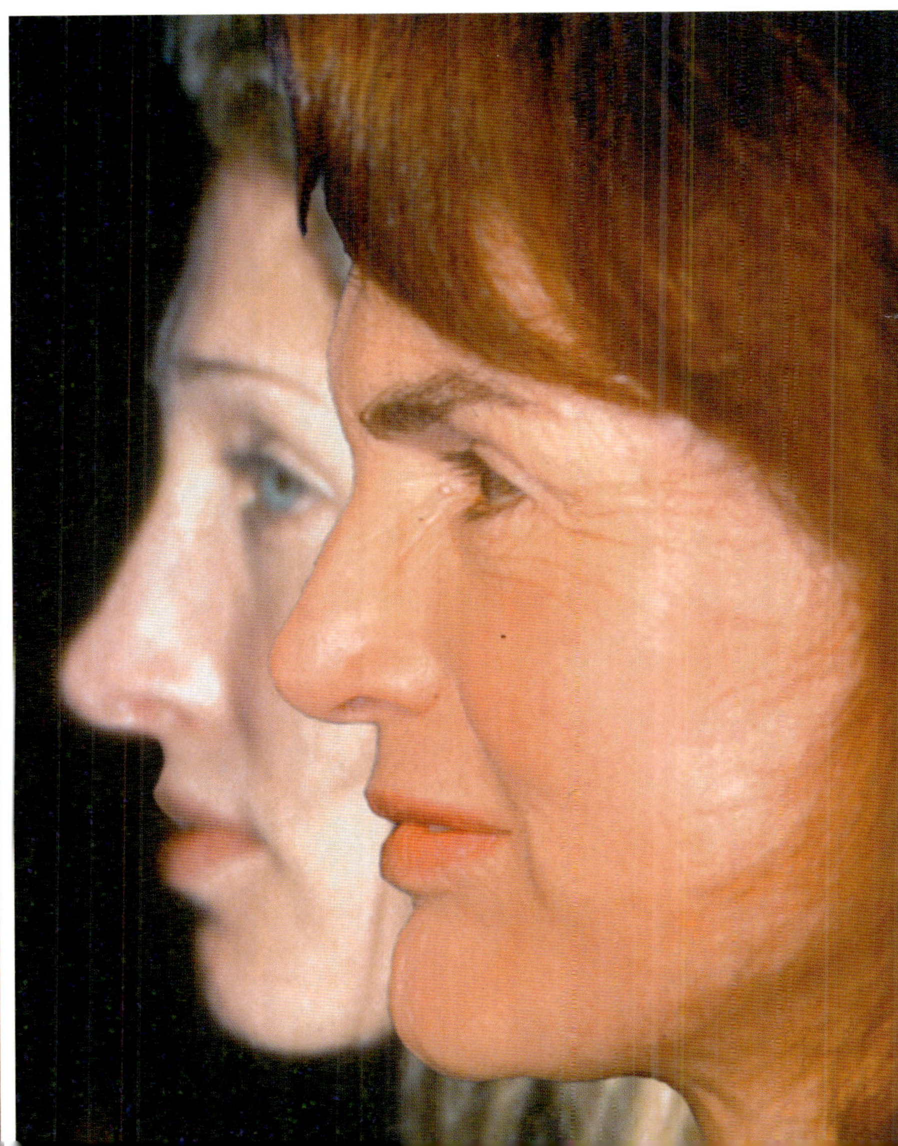

Zusammenfassung

Im Alter von 13 Jahren wurde John F. Kennedy jr. im New Yorker Central Park überfallen und beraubt. Laut FBI-Akten betrachtete seine Mutter dies als eine lehrreiche Erfahrung – eine Einstellung, die kalt und herzlos scheinen mag. Nach seiner Hochzeit mit Carolyn Bessette erhielt diese den Spitznamen »Eiskönigin«. Doch Unterkühlung und Distanziertheit waren John bereits sehr vertraut.

War Carolyns Verhalten schon so kühl, als sie sich kennen lernten, und gefiel ihm das, weil er es von zu Hause kannte? Oder brachte er sie unbewusst dazu, ein Verhalten anzunehmen, das ihm vertraut war? Das würde bedeuten, dass Männer für eine Prima-copula-Beziehung nach einer Frau suchen, die ihrer ersten, frühkindlichen Bezugsperson nicht nur ähnlich sieht, sondern sich auch ähnlich verhält.

Selbst eine strenge Erziehung kann die starke emotionale Anziehung eines Prima-copula-Partners nicht beeinträchtigen. John und Carolyn fügten einander schmerzliche Wunden zu, etwa wenn sie sich Eifersuchtsszenen und hitzige Streitereien vor laufenden Kameras lieferten. Die Höhen und Tiefen dieser leidenschaftlichen und typischen Prima-copula-Beziehung ähnelten einer Achterbahnfahrt der Gefühle.

Ist **Prima-copula-Liebe unvergänglich**, auch wenn sich das Paar **getrennt** hat?

Richard Burton und Elizabeth Taylor

»Sie war die unabhängigste, allerschönste, unnahbarste, distanzierteste Frau, die mir je begegnet ist. Sie war absolut einzigartig und unerreichbar. Anders kann ich diese Mischung aus Üppigkeit und Schlichtheit, Überfluss und Strenge nicht beschreiben. Kurz, sie war verdammt noch mal alles im Übermaß, aber nicht nur das, sie hat mich außerdem vollkommen ignoriert.«

Diese Beschreibung seines ersten Eindrucks, die David Jenkins in seiner Burton-Biografie wiedergibt, fasst zusammen, wie überwältigend die Anziehungskraft war, die Elizabeth Taylor vom ersten Augenblick an auf Richard Burton ausübte, als sie sich 1963 auf einem Filmset kennen lernten.

Richard Burtons Mutter hieß Edith Thomas. Sie war Bardame und heiratete 1900 den Bergarbeiter Dic Jenkins, dem sie innerhalb von 26 Jahren 13 Kinder gebar. Sie starb zwei Jahre nach Richards Geburt, der von da an von seiner älteren Schwester Cecilia James aufgezogen wurde. Sie liebte ihn abgöttisch und er betete sie an.

Die Suche nach einer Schwester

Richard Burtons *A Christmas Story* erschien 1965, zwei Jahre, nachdem er Elizabeth Taylor kennen gelernt hatte. Darin schrieb er: »Meine Schwester war keine gewöhnliche Frau – keine Frau ist das, aber für meine Schwester trifft es ganz besonders zu.

Als meine Mutter starb, wurde meine Schwester für mich zur Mutter, und sie war mir mehr Mutter als jede andere Mutter es je hätte sein können. Ich war unglaublich stolz auf sie. Ich strahlte im Glanz ihrer grünäugigen, schwarzhaarigen Zigeunerschönheit … Erst 30 Jahre später, als ich sie in einer anderen Frau, Elizabeth Taylor, wiedersah, wurde mir klar, dass ich mein ganzes Leben lang nach ihr gesucht hatte.«

Cecilia James, Richards Schwester (siehe Foto links), hat ähnliche Gesichtsproportionen wie Elizabeth Taylor. Die beiden Frauen haben die gleichen großen, gefühlvollen Augen und das gleiche sanfte Lächeln.

Elizabeth Taylor war achtmal mit insgesamt sieben Männern verheiratet. Sie und Richard sind wohl das bekannteste Paar, das zwei Mal geheiratet hat.

Sie lernten sich bei den Aufnahmen zum Film *Cleopatra* kennen. Die Intensität ihrer stürmischen Beziehung faszinierte die Presse und die Öffentlichkeit auf der ganzen Welt. Sie heirateten 1964, aber nach zehn Jahren voller Diamanten, Krisen, Küsse und Versöhnungen ließen sie sich 1974 scheiden. 16 Monate später heirateten sie erneut, doch am 1. August 1976 war es endgültig vorbei. Elizabeth Taylor sagte, sie hätten einander zu sehr geliebt.

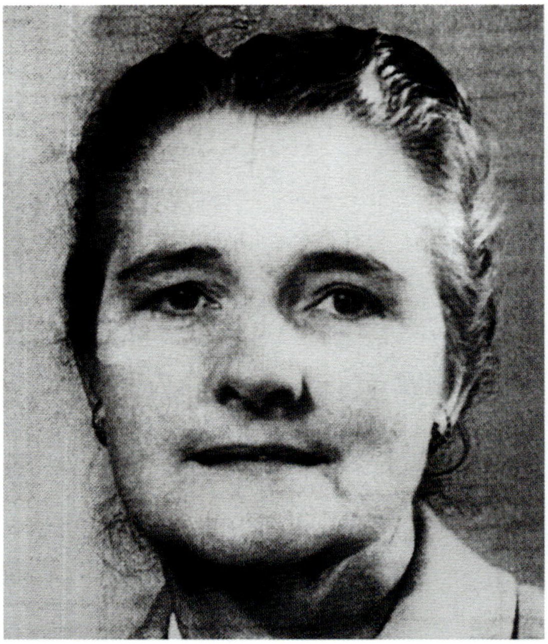

Viele meinten, die Liebe der beiden sei so stark, dass sie nicht miteinander und nicht ohne einander leben könnten. Ihre Streitereien waren geradezu legendär.

Richard Burton liebte Elizabeth, als sie eine junge Frau war, und mit der gleichen Intensität liebte er sie auch, als sie älter wurde. Auf den Bildern auf dieser Seite erkennt man, wie sehr die reife Elizabeth Taylor der älteren Cecilia James gleicht.

Elizabeth war dabei, als Richard Burton am 5. August 1984 im Buckingham-Palast den britischen Verdienstorden verliehen bekam. Am 16. Mai 2000, 16 Jahre nach seinem Tod, kam sie erneut in den Buckingham-Palast, um diese Auszeichnung selbst entgegenzunehmen. Am Ringfinger trug sie den 33,19-karätigen Diamanten, den Richard ihr 1968 geschenkt hatte, als sie die erste Schauspielerin war, die für eine Filmrolle eine Million Dollar bekam. An diesem Tag im Mai kamen ihr im Hof des Palastes bei der Erinnerung an ihren verstorbenen Mann fast die Tränen. Der versammelten Presse sagte sie: »Ich vermisse ihn so sehr, ich wünschte, er könnte jetzt hier sein.«

Obwohl die Beziehung am 1. August 1976 für beendet erklärt wurde, meinen manche, Elizabeth Taylor und Richard Burton hätten vielleicht ein drittes Mal geheiratet, wenn Richard Burton nicht gestorben wäre. Die strapaziöse, leidenschaftliche Liebe einer Prima-copula-Beziehung muss noch lange nicht vorbei sein, nachdem die Beziehung beendet worden ist.

*Manche meinen, wenn Richard Burton **nicht gestorben** wäre, hätten sie vielleicht sogar **noch ein drittes Mal geheiratet**.*

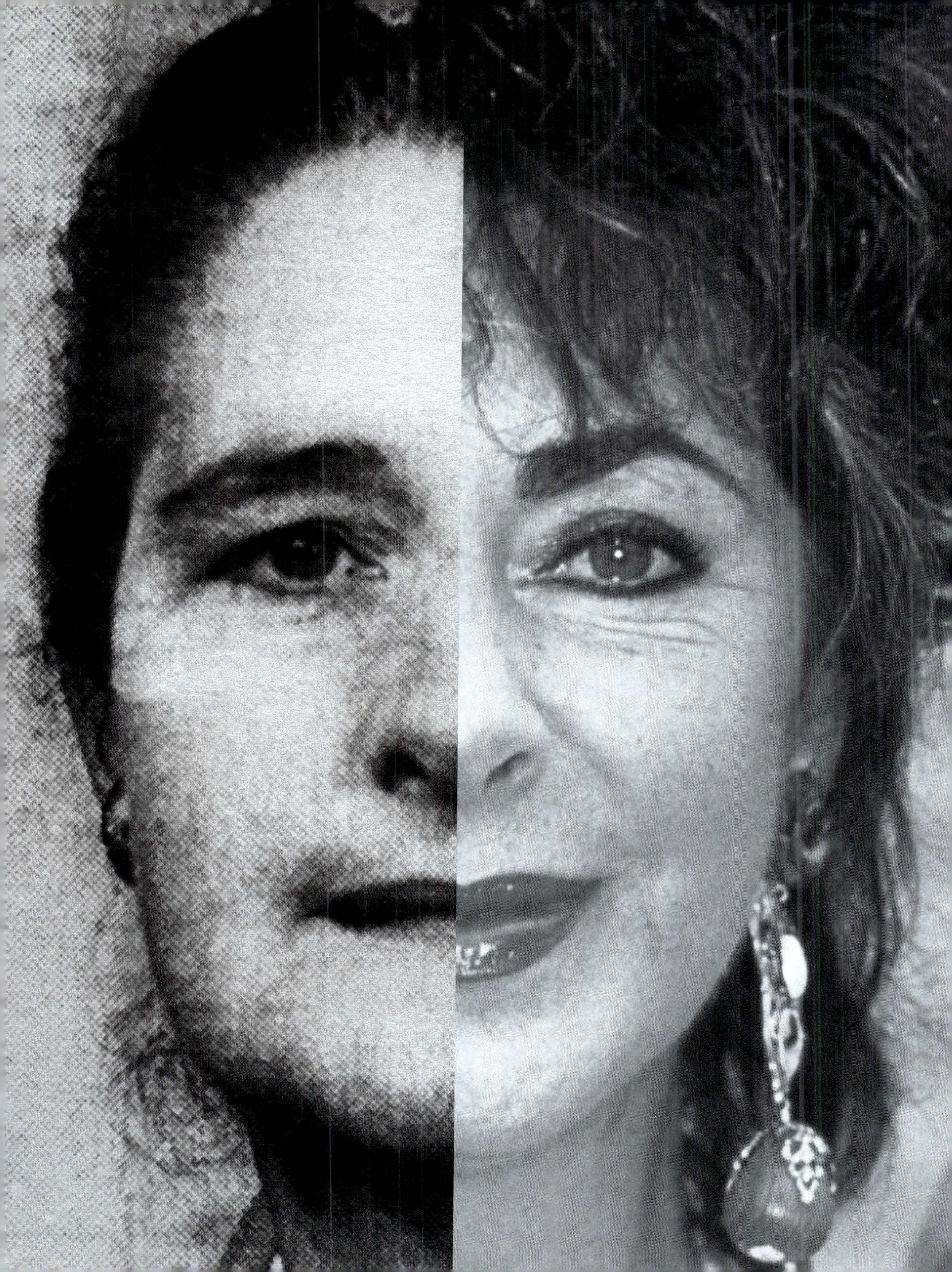

Zusammenfassung

Richard Burton wurde von seiner Schwester sehr geliebt und konnte daher auch selbst Liebe schenken und annehmen. Doch das Trauma einer Trennung von der Mutter richtet immer Schaden an. Die unterbewusste Sehnsucht nach der Mutter kann durch künstlerisches Schaffen verarbeitet werden. Richard verarbeitete seine Sehnsucht durch die Schauspielerei.

Wenn sich jemand in einen Menschen verliebt, der seiner ersten Bezugsperson ähnelt, dann erlebt er erneut diese erste Bindung. Ein Kind, das von einem geliebten Menschen getrennt wird, entwickelt ein Gefühl der Unsicherheit, das ein tiefes emotionales Bedürfnis entstehen lässt – daher ist diese Art von Liebe so stark. Es ist eine leidenschaftliche Liebe, die oft besitzergreifend und voller Verlustängste ist. Die Intensität, mit der Richard Burton Elizabeth Taylor liebte, zog die ganze Welt in ihren Bann. Die Menschen strömten in Massen herbei, um ihre Filme zu sehen und darin den Zauber ihrer Liebe zu spüren.

Warum war **Napoleon** so verrückt nach **Josephine**, einer älteren Frau mit zweifelhafter Vergangenheit?

Napoleon und Josephine

Napoleon sagte einmal über Josephine, er würde sie zwar lieben, aber nicht respektieren. Er hielt sie für eine Lügnerin und Verschwenderin, doch sie hatte das gewisse Etwas, das er unwiderstehlich fand. Für ihn war sie die Verkörperung der Weiblichkeit.

Der Korse Napoleon Bonaparte war ein militärisches Genie und ein Stratege, der bis zum Kaiser von Frankreich aufstieg. 1795 lernte er Rose de Beauharnais kennen, die auch Josephine genannt wurde und aus Martinique stammte. Sie war eine Witwe mit zwei Kindern und einer Schar von Liebhabern und betörte den vergleichsweise unschuldigen Napoleon.

Eine berühmte Verbindung

Aufgrund seines Erfolges hätte Napoleon trotz seines übergroßen Kopfes und seiner geringen Körpergröße die interessantesten Frauen Frankreichs haben können. Doch er wählte Josephine.

Warum Napoleon mit Mitte zwanzig die 33-jährige Josephine heiratete, deren Schönheit bereits zu verblassen begann und deren schlechte Zähne als »braun wie Gewürznelken« beschrieben wurden, ist eine Frage, die sowohl Historiker als auch Psychologen beschäftigt hat. Josephine war extravagant, ein intellektuelles Leichtgewicht, treulos, gerissen und rücksichtslos – und ihr Sexualtrieb reichte beinahe an Nymphomanie heran. Einer ihrer Liebhaber hatte sie mit der Begründung verlassen, man könne eine Prostituierte zwar zur Mätresse nehmen, nicht aber zur Frau. Die Bilder von Napoleon und Josephine auf dieser und der folgenden Seite bieten jedoch eine Erklärung: Sie sind ein Echo-Paar, ihre Mün-

der haben den gleichen Ausdruck, und die geschwungenen Oberlippen und die Augen ähneln einander stark.

Josephines erster Mann, Alexandre de Beauharnais, war während der Französischen Revolution guillotiniert worden. Sie wurde die Mätresse von Männern, die für sie und ihre beiden Kinder sorgen konnten. Napoleon war 1795 ein ehrgeiziger und vielversprechender General der französischen Armee. Nur 15 Tage nach ihrem ersten Treffen waren er und Josephine ein Liebespaar.

Sechs Monate später waren sie verheiratet. In der Hochzeitsnacht schlief Josephine mit General Barras, ihrem früheren Geliebten, der Napoleon das Oberkommando über Italien zur Hochzeit geschenkt hatte. So war Napoleon aus dem Weg geschafft und Josephine konnte ihr Verhältnis mit Barras wieder aufnehmen – es war nur eines von vielen während ihrer Ehe. Einmal kam Napoleon zu einem Rendezvous nach Hause, sechs Tage, nachdem er ihr einen sehnsuchtsvollen Brief geschrieben hatte, und musste feststellen, dass sie auf Besuch bei einem ihrer Geliebten weilte.

Die Liebe zur Mutter?

Napoleon war so unglücklich und schockiert darüber, dass Josephine nicht da war, dass er beinahe in Ohnmacht gefallen wäre. Etwas später an diesem Tag hatte er wohl auch eine Art Anfall. Dann schrieb er ihr in einem Brief, welch schreckliche Pein sie ihm zugefügt hätte.

Josephines ungeniertes Benehmen war für Napoleon oft erniedrigend. Sein öffentliches Ansehen litt darunter – besonders, als ein Brief ihres Sohnes an sie abgefangen und im Londoner *Morning Chronicle* und später auch in der französischen Presse wiedergegeben wurde. Aus dem Brief ging hervor, das Napoleon von einer Affäre wusste.

Es kam so weit, dass er sie aussperrte und ihre umfangreiche Garderobe in die Portiersloge bringen ließ – mit der Anweisung, sie nicht hereinzulassen. Doch Josephine konnte den Portier mit ihren Tränen erweichen und brachte ihre Kinder dazu, Napoleon anzuflehen, bis er nachgab und sie einließ. Seinen heftigen Vorwürfen folgte eine heiße Versöhnung – ein in seiner Intensität typisches Prima-copula-Verhalten. Es heißt, dass man sie am folgenden Tag glücklich strahlend im Schlafzimmer fand. Doch von diesem Zeitpunkt an hatte Josephine die Oberhand in ihrer Ehe verloren – Napoleon war psychologisch im Vorteil.

Napoleon selbst hatte ebenfalls viele Affären, die berühmteste mit Marie Waleska, einer polnischen Gräfin, die er kennen gelernt hatte, als seine Truppen 1807 Warschau besetzten. Doch seine Liebe zu Josephine erlosch niemals – sie war seine Prima-copula-Partnerin. Sie sah seiner Mutter Letizia ähnlich (siehe rechts unten und ganz rechts). Das Kinn, die Augenbrauen, die Oberlippe und die Oberlider haben bei beiden Frauen dieselbe Form.

Der wichtige Einfluss in Napolens früher Kindheit kam von seiner Mutter. Häufig wollten beide um jeden Preis ihren Willen durchsetzen, und Letizia griff oft zur Peitsche. Sie war sehr streng und bestrafte ihren Sohn bei der geringsten Verfehlung. Einmal drohte sie, ihn für sein schlechtes Benehmen in der Kirche zu züchtigen, gab dann aber scheinbar seinem Flehen um Gnade nach. Später jedoch fiel sie mit der Peitsche über ihn her, als er sich ausgezogen hatte. Das war eine von zahllosen Gelegenheiten, bei denen sie sein Vertrauen enttäuschte. Als Erwachsener schenkte er seine Liebe einer ebenso wenig vertrauenswürdigen Frau.

Obwohl Josephine und Letizia in vielen Punkten ganz gegensätzliche Charaktere hatten, ähnelten sie sich doch in ihrem Verhalten gegenüber Napoleon. Seine Aussage, dass er Josephine aufrichtig liebe, sie aber nicht respektiere, spiegelt sein Verhältnis zu seiner Mutter wider. Sie respektierte er ebenfalls nicht, weil er den Verdacht hegte, sie sei untreu und hätte eine Affäre mit dem Grafen Marbeuf, dem Gouverneur Korsikas. Letizia jedenfalls hasste Josephine und drängte Napoleon zusammen mit seinen Geschwistern, sich von dieser Frau zu trennen. Als die Gräfin Waleska schwanger wurde, wusste Napoleon, dass er fähig war, einen Thronerben zu zeugen,

__Napoleons__ Aussage, dass er Josephine __liebte__, sie aber nicht respektierte, spiegelt sein Verhältnis zu __seiner Mutter__ wider.

und die Tage der kinderlosen Ehe mit Josephine waren gezählt.

Eine Zeit lang widerstand Napoleon dem Drängen des Hofstaats und seiner Familie, sich von Josephine zu trennen. Er meinte, sie hätte ihm privat so viel Vergnügen geschenkt, dass es undankbar von ihm wäre, sie nach allem, was sie für ihn getan hätte, zu verstoßen. Als er einmal unter Magenkrämpfen litt, verließ Josephine seinetwegen einen Ball und besuchte ihn in ihrer prächtigen Abendgarderobe am Krankenbett. Er zog sie an sich und rief, er könne sie unmöglich verlassen. Sie verbrachten die Nacht zusammen, und danach war von Trennung erst einmal keine Rede mehr.

Als Napoleon im Jahr 1810 doch beschloss, sich von Josephine zu trennen, hörte man laute Schreie aus dem kaiserlichen Salon: Man musste Josephine in ihre Räume tragen. Bei der offiziellen Verkündung ihrer Trennung dankte Napoleon Josephine tränenüberströmt für 13 unvergessliche Jahre. In der Nacht brach Josephine in die kaiserlichen Gemächer ein und küsste Napoleon noch einmal leidenschaftlich. Am nächsten Tag brach sie nach Malmaison auf, ein Schloss südlich von Paris, das ihr zukünftiges Heim sein sollte. Napoleon begleitete sie dorthin. Er achtete peinlichst darauf, sie nicht mehr zu umarmen oder das Schloss zu betreten, denn er war sich nicht sicher, ob er sich darauf verlassen konnte, seiner großen Liebe zu widerstehen.

Josephine drückte Napoleon nach der Trennung in einem Brief ihre Dankbarkeit darüber aus, dass er sie nicht vergessen hatte. Sie schrieb, ihr Dank sei so zärtlich wie die Liebe, die sie auf ewig für ihn empfinde.

Zusammenfassung

Die Beziehung Napoleons zu Josephine spiegelte seine Beziehung zu seiner Mutter auf verschiedene Art: Mangel an Vertrauen, Betrug und bittere Enttäuschung waren vermischt mit inniger Liebe. Beide Frauen zeigten sich ihm gegenüber sehr grausam. Nach Sigmund Freud war die Zuneigung Napoleons zu seiner ersten Frau geprägt von seiner Sehnsucht nach einer Mutterfigur – Josephine war sechs Jahre älter als er.

Obwohl Freud eine Verbindung zwischen Napoleons Beziehungen zu Letizia und zu Josephine feststellte, erwähnt er nirgends die äußere Ähnlichkeit der beiden Frauen. Die Prima-copula-Beziehung zwischen Napoleon und Josephine ist ein Paradebeispiel für die starke Liebe, die die große Übereinstimmung der Gesichter von Mutter und Partnerin in einem Mann hervorbringen kann. Sicher wäre in vielen Fällen, in denen Freud einen Mutterkomplex diagnostizierte, eine Untersuchung im Hinblick auf eine Ähnlichkeit des Partners mit der ersten frühkindlichen Bezugsperson ebenso fruchtbar.

Können **die Wunden** jemals heilen, wenn eine **Prima-copula-Liebe** verhindert wurde?

Prinzessin Margaret und **Peter Townsend**

Madonna und **Sean Penn**

Im vorangehenden Abschnitt wurden mehrere Beispiele für Prima-copula-Beziehungen zwischen einem Mann und einer mütterlichen Partnerin untersucht. Doch auch Frauen verlieben sich in Männer, die ihrer ersten Bezugsperson ähneln – in diesem Fall ist es die Vaterfigur aus ihrer Kindheit.

Kann eine Frau den Mann, der das Objekt ihrer Prima-copula-Liebe ist, auf ihre Seite bringen, auch wenn er sich nicht von ihrem Aussehen angezogen fühlt? Das ist recht unwahrscheinlich, weil Männer sich normalerweise nicht in eine Frau verlieben, die sie nicht attraktiv finden.

Erleben Frauen eine Prima-copula-Liebe ebenso intensiv wie Männer? Erweckt die Nähe zu ihrer frühkindlichen männlichen Bezugsperson bei einer erwachsenen Frau ein ähnlich starkes Bedürfnis, wenn sie im späteren Leben ihrem Prima-copula-Partner begegnet?

Prinzessin Margaret und Peter Townsend

Prinzessin Margaret ist ein gutes Beispiel für eine Frau, die einen Prima-copula-Partner gefunden hat. Ihre Beziehung mit Peter Townsend hat ihr Leben verändert.

Die Tochter des englischen Königs George VI. war 14 Jahre alt, als sie dem Luftwaffenoffizier Townsend zum ersten Mal begegnete. Er war ein verheirateter Mann um die dreißig und ein enger Mitarbeiter des Königs. Nach dem Tod des Königs begann Townsend 1952 für die Königinmutter und die inzwischen 22-jährige Prinzessin zu arbeiten. Seine Ehe war mittlerweile gescheitert und Ende 1952 wurde er von seiner Frau Rosemary geschieden. Es entwickelte sich eine heimliche, innige Romanze zwischen ihm und Prinzessin Margaret. Im Frühjahr 1953 gestand er ihr, dass er sie liebte, und sie antwortete, dass sie für ihn ganauso empfand.

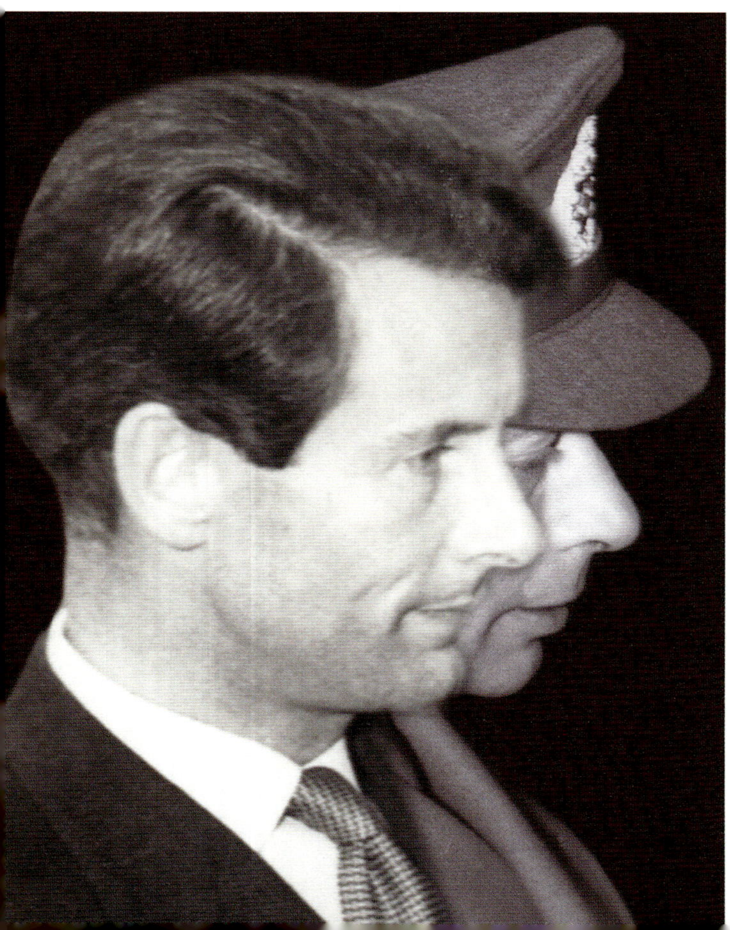

Die Prinzessin hatte sich von Anfang an zu ihm hingezogen gefühlt. Die Ähnlichkeit zwischen ihm und George VI., vor allem im Profil zu erkennen, ist sehr deutlich. Beide hatten eine schmale Kopfform und einen zarten Knochenbau, sie wirkten sensibel, hatten eine Adlernase und gleich geformte Nasenlöcher. Ungewöhnlich war die Partie zwischen Nase und Oberlippe, die sich bei beiden in einem ähnlichen Winkel zum Mund hinneigte. Ihre Lippen waren fein geformt und dünn. Beide hatten ein kräftiges, aber nicht übermäßig starkes Kinn. Vielleicht fühlte sich Margaret mit beiden auf die gleiche Weise verbunden, weil sie sich auf sie verlassen konnte – ohne das Gefühl zu haben, von ihnen dominiert zu werden.

Nicht einmal 20 Jahre zuvor hatte Edward VII. auf den Thron verzichtet, um die geschiedene Wallis Simpson heiraten zu können. Für die königliche Familie war eine Ehe zwischen der Prinzessin und einem geschiedenen Mann ebenso inakzeptabel wie für die Kirche. Townsend wurde für zwei Jahre nach Belgien geschickt – in der Hoffnung, das würde die Beziehung beenden. Doch die erzwungene Trennung machte ihre Liebe nur noch stärker. Im Oktober 1955 musste Margaret eine Entscheidung über ihre Zukunft treffen – nachdem sie monatelang von der königlichen Familie und der Kirche bedrängt worden war. Sie erklärte: »Unter Berücksichtigung der kirchlichen Lehre, dass eine christliche Ehe nicht aufgelöst werden kann, und eingedenk meiner Verpflichtung gegenüber dem Commonwealth habe ich mich entschlossen, diese Erwägungen über alles andere zu stellen.«

Selbst die Mutter konnte ihr Mitgefühl für ihre Tochter nicht verbergen: Es heißt, sie weinte vor aller Augen, als sie die Beziehung von Margaret und Townsend am Hof zur Sprache brachte. Margaret ihrerseits war voller Hass für Sir Alan Lascelles, den Mann, der für Townsends Versetzung nach Belgien verantwortlich war. Noch viele Jahre später bezeichnete sie Lascelles als den Mann, der ihr Leben ruiniert hatte.

Obwohl die Beziehung offiziell beendet war, trafen sich Townsend und Margaret in den folgenden drei Jahren noch ab und zu. Townsend kehrte wieder nach Brüssel zurück, von wo er der Prinzessin 1959 schrieb, dass er die Belgierin Marie Luce Ramagne heiraten würde. Sie hatte eine auffallende Ähnlichkeit mit Margaret.

Prinzessin Margaret heiratete 1960 den Fotografen Anthony Armstrong und hatte mit ihm zwei Kinder. Es ist eine Ironie des Schicksals, dass sie das erste Mitglied der königlichen Familie war, dessen Ehe geschieden wurde. Sie hatte danach noch weitere Beziehungen, doch keine machte sie auf Dauer glücklich. Margaret starb 2002 und wurde neben ihrem geliebten Vater beigesetzt.

Im Frühjahr 1953 ***gestand*** *Townsend der Prinzessin, dass er sie* ***liebte****. Sie antwortete, dass sie für ihn* ***genauso empfand****.*

Madonna und Sean Penn

Die Ähnlichkeit in den Gesichtern von Sean Penn und Madonnas Vater Silvio Ciccone ist unverkennbar. Besonders auffällig ist die Form ihrer Nasen, die Form und der Ausdruck ihrer Augen und das markante Kinn der beiden.

Es ist nicht schwer zu erkennen, dass Madonnas erster Ehemann für sie ein Prima-copula-Partner war. Ihre Beziehung war in jeder Hinsicht typisch für dieses visuelle Anziehungsmuster: stürmisch und oft höchst impulsiv. Die Hochzeit des Paares fand 1985 unter regem Interesse der Öffentlichkeit statt, doch schon nach zwei Jahren war die Partnerschaft wieder beendet.

Zusammenfassung

Freuds Theorie der frühkindlichen Sexualität kann durch die Beispiele in diesem Kapitel zum ersten Mal durch visuelle Faktoren gestützt werden. Die Bindung eines kleinen Jungen zu seiner Mutter bildet in späteren Jahren die Basis für eine starke Liebe zu einer Frau, die genauso oder ähnlich aussieht wie die Mutter. Weibliche Beispiele für Freuds Theorie lassen sich nicht so leicht finden, doch können sich auch Frauen in einen Mann verlieben, der ihrer ersten männlichen Bezugsperson ähnlich sieht. Sigmund Freud konstatierte zwar die emotionale Verbindung, stellte aber nicht den Bezug zur visuellen Ähnlichkeit her, der hier nachgewiesen wurde.

Der Prima-copula-Partner wird mit einer Intensität geliebt, die alle anderen Menschen ausschließt. Im Fall von Prinz Charles hätten die meisten angenommen, dass Dianas Jugend, Schönheit und charmante Naivität ihr einen deutlichen Vorsprung vor Camilla verschafft hätten, die älter und weniger glanzvoll ist. Doch Camilla ist Charles' Prima-copula-Partnerin und hat schon seit Jahrzehnten einen festen Platz in seinem Herzen. In der Prima-copula-Liebe zählen weder Schönheit und Alter noch Geld oder Standesfragen. Diese Art von Liebe ist normalerweise auch durch keine andere noch so intensive Leidenschaft zu ersetzen. Doch nur in besonders glücklichen Fällen ist sie gegenseitig, erkennen also beide Partner ihre erste Bezugsperson im anderen wieder.

Niemand kann mit dieser einzigartigen Anziehungskraft und dem Gefühl der Vervollständigung konkurrieren, die entstehen, wenn ein geliebter Mensch unserem inneren Bild von der ersten Bezugsperson entspricht. Nach dem Tod ihres geliebten Vaters nahm Peter Townsend seine Stelle im Herzen von Prinzessin Margaret ein. Ihre Trauer stürzte sie in Melancholie und Einsamkeit, wofür Townsend Verständnis hatte, da er die innige Verbindung zwischen Vater und Tochter aus nächster Nähe miterlebt hatte. Townsend war der Prima-copula-Partner von Prinzessin Margaret, und während ihre Liebe zu ihm keine Erfüllung fand, gab es nach ihrem Tod eine Wiedervereinigung mit ihrem Vater, als ihre Urne 50 Jahre nach dem Tod von König George VI. in seinem Grab beigesetzt wurde.

Wenn alles

zusammenpasst

Wenn bei einem Paar alle drei visuellen Anziehungsmuster vorliegen, dann passt einfach alles zusammen. Die Liebe zu jemandem, der der ersten Bezugsperson ähnelt – das ist die stärkste Kategorie – wird ergänzt durch gemeinsame Echo- und Harmonie-Elemente.

Elton John und David Furnish

Elton John lernte den Filmemacher David Furnish aus Toronto 1994 auf einer Dinnerparty bei einem gemeinsamen Freund kennen. Elton fühlte sich sofort zu David hingezogen – am Ende des Abends hatten sie ihre Telefonnummern ausgetauscht. Am nächsten Tag besuchte David den Sänger, sie bestellten sich chinesisches Essen – und sind seither ein Paar. Elton hat eine Heirat in Erwägung gezogen und beschreibt David als seinen Seelenverwandten.

Das Foto rechts zeigt, dass die beiden ein Echo-Paar sind. Im Fall von Elton und David fällt besonders die ungewöhnliche Form der Münder auf. Die Oberlippe scheint in der Mitte unbeweglich zu sein und beschreibt auf beiden Seiten einen identischen Bogen (siehe auch Seite 148).

In einem Interview mit der *Sunday Times* (Dezember 2001) sagte Elton: »Es ist wichtig für mich, mit jemandem zusammen zu sein, der genauso kreativ ist wie ich selbst. David und ich reden über Filme, Bücher, Platten, Kunst und Fotografie.« Elton und David teilten viele dieser Interessen, ehe sie sich kennen lernten, doch typisch für eine Echo-Beziehung ist, dass jeder Partner die Interessen des anderen übernimmt. Es handelt sich hier aber auch um eine Harmonie-Partnerschaft: Beide haben ähnliche Gesichtsproportionen.

28

28

Prima-copula-Elemente

Elton Johns Eltern ließen sich scheiden, als er 14 Jahre alt war. Sein Vater, der in der Royal Air Force diente, wollte, dass sein Sohn ihm entweder dorthin nachfolgt oder in einer Bank arbeitet.

Seine Mutter Sheila, die sich hauptsächlich um Eltons Erziehung kümmerte, hatte ganz andere Pläne: Sie unterstützte sein musikalisches Talent.

Auf den Fotos unten ist die Ähnlichkeit zwischen David Furnish und Sheila offensichtlich – dieselbe Form der Augen, der Augenbrauen und des Mundes. David sieht Sheila sogar ähnlicher als ihr eigener Sohn. Elton hat das große Glück, in David einen Harmonie-Partner, einen Echo-Partner und einen Prima-copula-Partner gleichzeitig gefunden zu haben.

Prinz Naruhito und Prinzessin Masako

Die Prima-copula-Liebe ist unabhängig von Nationalität oder Kultur. Da in diesem Falle auch noch Echo und Harmonie im Spiel waren, konnte Prinz Naruhito bei seinem Werben um Prinzessin Masako trotz ihrer Zurückweisungen nicht locker lassen.

Masako, eine mehrsprachige Harvard-Absolventin, entstammt einer Diplomatenfamilie. Sie lernte Naruhito, den japanischen Thronerben, kennen, als sie 22 Jahre alt war. Damals lehnte sie eine Beziehung mit ihm aber ab. Naruhito machte ihr nach sechs Jahren erneut einen Antrag. Innerhalb von zwei Monaten hatte er sie für sich gewonnen: Sie nahm seinen Antrag an, obwohl sie genau wusste, dass sie als Bürgerliche mit demselben Empfang am kaiserlichen Hof rechnen konnte wie seine Mutter eine Generation zuvor. Kaiserin Michiko, die ebenfalls eine Bürgerliche ist, war große Feindschaft entgegengebracht worden, als sie Kaiser Akihito heiratete (siehe Seite 72).

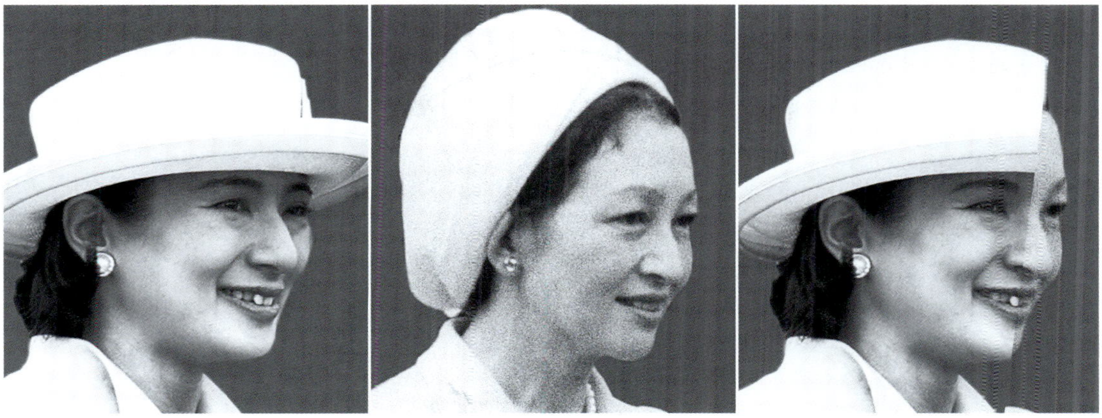

Zum ersten Mal heiratete ein Mitglied der kaiserlichen Familie von Japan eine Karrierefrau. Die Prima-copula-Liebe ist eben stärker als dynastische Überlegungen. Am 1. Dezember 2001 bekam das Paar sein erstes Kind, eine Tochter.

Naruhito und Masako (siehe linke Seite) sind Echo- und Harmonie-Partner. Die Formen ihrer Augen und Münder ähneln sich, und ihre Gesichtsproportionen stimmen überein. Die Fotos oben zeigen, dass Masako zudem Naruhitos Prima-copula-Partnerin ist. Abgesehen von der offensichtlichen äußerlichen Ähnlichkeit zwischen Michiko (unten links als junge Frau und oben Mitte) und Masako, haben die beiden Frauen eine ähnliche Haltung und strahlen beide Gelassenheit und Selbstbeherrschung aus. Naruhito hat nicht nur auf Masakos Gesicht, sondern auch auf ihr Auftreten reagiert.

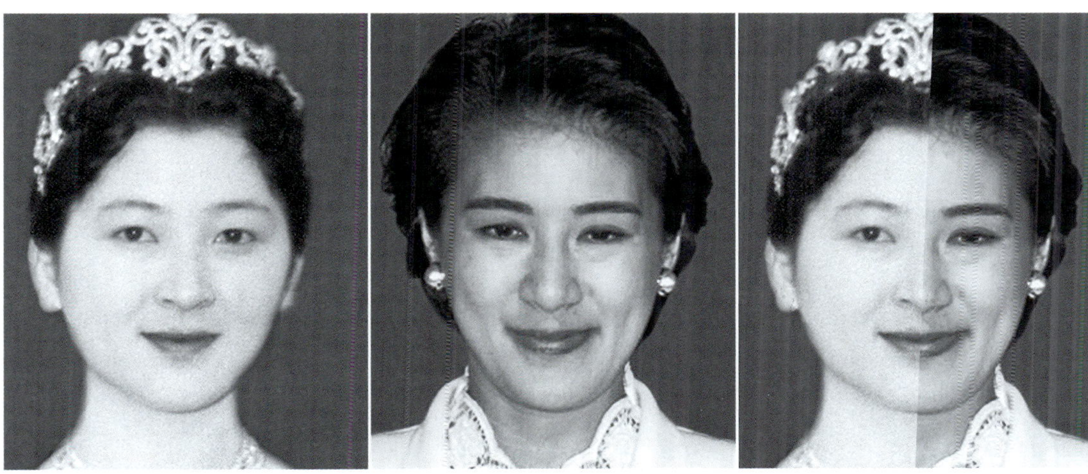

Die Formen von Naruhitos und Masakos ***Augen und Mündern*** *ähneln sich, und ihre* ***Gesichtsproportionen stimmen überein.***

Kronprinz Haakon und Mette-Marit

Ein klassisches Beispiel für eine Prima-copula-Liebe ist auf diesem Verlobungsfoto von Kronprinz Haakon von Norwegen und Mette-Marit Tjessem Høiby (Mitte) zu sehen. Haakons Eltern unterstützen die Verbindung, obwohl Mette-Marit eine Bürgerliche und die ledige Mutter eines vierjährigen Sohnes ist, dessen Vater wegen Drogendelikten im Gefängnis saß.

Die beiden Frauen neben Mette-Marit sind ihre Mutter Marit Tjessem (links) und ihre zukünftige Schwiegermutter Königin Sonja (rechts). Es herrscht eine auffällige Ähnlichkeit zwischen Mette-Marit und ihrer Schwiegermutter: Auf die Frage, welche der beiden Frauen Mette-Marits Mutter ist, würden viele Menschen eher auf Königin Sonja tippen als auf Marit Tjessem.

Auf den Fotos ist zu erkennen, dass Mette-Marit ihrer Schwiegermutter (unten) viel ähnlicher sieht als ihrer Mutter (oben). Mit ihrer Mutter hat sie keine starke Echo- oder Harmonie-Ähnlichkeit: Besonders die Form des Unterkiefers ist sehr unterschiedlich. Die Mundform ist zwar ähnlich, aber Oberlid und Augenbrauen der beiden ähneln sich gar nicht. Mette-Marit und Königin Sonja hingegen haben den gleichen Unterkiefer, den gleichen Mund und das gleiche Kinn: Die unteren Hälften ihrer Gesichter passen wie ein Puzzle zusammen. Die beiden haben auch dieselbe Stirnlänge und denselben Abstand zwischen Nase und Mund.

Königin Sonja war Kronprinz Haakons erste Bezugsperson – Mette-Marit sieht ihr sehr ähnlich. Daher kann man davon ausgehen, dass Mette-Marit Haakons Prima-copula-Partnerin ist.

*Kurz vor der **Hochzeit** sagte **Kronprinz Haakon** auf einer Pressekonferenz: »Was wir beide zusammen haben, ist **so stark**, dass ich es nicht mehr verlieren will.«*

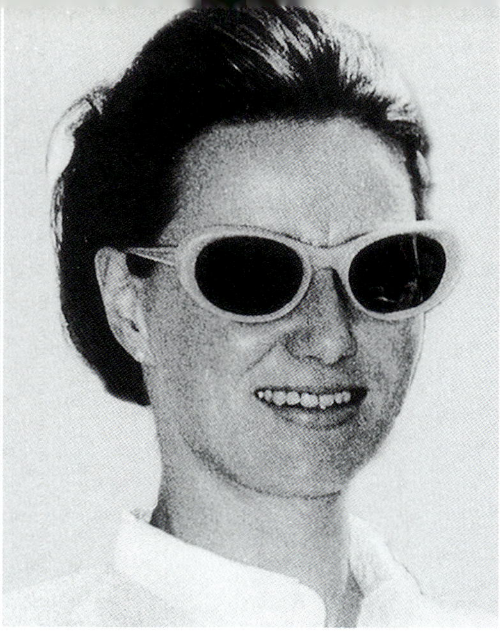

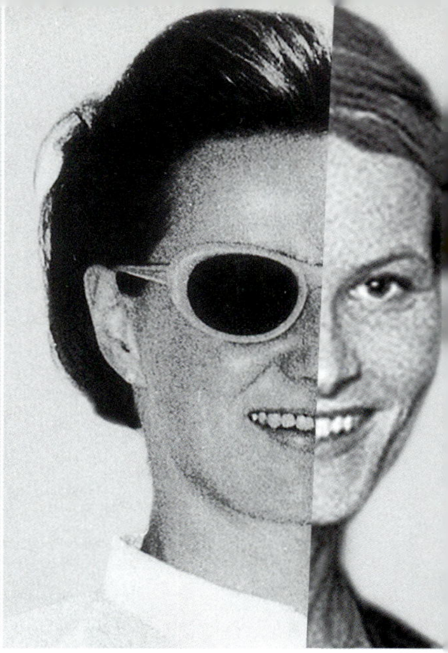

Bei der Prima-copula-Liebe zählt das Aussehen der ersten Bezugsperson, als sie im selben Alter war, in dem der Prima-copula-Partner jetzt ist. Die Fotos auf dieser Seite zeigen die junge Königin Sonja und Mette-Marit. Die Kopfform, die Gesichtsform und die Form des Unterkiefers sind so ähnlich, dass die beiden fast wie ein und dieselbe Person aussehen. Das zeigt sich am deutlichsten in ihrem Lächeln, bei dem die Mundwinkel auf ungewöhnliche Weise nach unten zeigen. Wenn man die Augen unberücksichtigt lässt (siehe die Bilder mit Sonnenbrille) gewinnt das Lächeln noch an Bedeutung. Die Gesichtszüge, die die Königin mit Mette-Marit teilt, hat sie auch mit Kronprinz Haakon gemeinsam.

Mette-Marit ist sowohl seine Echo- und Harmonie-Liebe als auch seine Prima-copula-Partnerin. Ihre Ähnlichkeit kann man deutlich am Unterkiefer erkennen und in dem charakteristischen Lächeln mit den nach unten gezogenen Mundwinkeln. Die Übereinstimmung in den Proportionen zeigt sich an der Stirnlänge und den Abständen zwischen Nase und Mund sowie Mund und Kinn.

Drei Tage vor der Hochzeit sagte Kronprinz Haakon: »Was wir beide zusammen haben, ist so stark, dass ich es nicht mehr verlieren will.« Wenn bei zwei Menschen alle drei visuellen Anziehungsmuster zutreffen, sind sie in der Regel unzertrennlich.

Zusammenfassung

Männer, die ihrer Mutter ähnlich sehen, finden mit größerer Wahrscheinlichkeit einen Menschen, bei dem alle drei visuellen Anziehungsmuster zutreffen. Wenn der Mann sowohl seiner Mutter als auch seiner Echo-Harmonie-Partnerin ähnelt, kann man davon ausgehen, dass seine Partnerin auch seiner Mutter ähnelt. Dies gilt auch für Frauen, die ihrem Vater ähnlich sehen.

Wenn bei zwei Menschen »alles zusammenpasst«, haben sie die stärkste Liebe gefunden. Mette-Marit hat früher als Kellnerin und Erdbeerpflückerin gearbeitet, sie führte ein wildes Leben und ging auf Partys, auf denen Drogen konsumiert wurden. Doch Kronprinz Haakon fand in seinem Vater König Harald einen Verbündeten, der selbst eine Wartezeit von neun Jahren in Kauf nehmen musste, ehe er die Erlaubnis bekam, Sonja Haraldsen, die Tochter eines Ladenbesitzers, zu heiraten. Das Zusammenspiel von Prima-copula-, Harmonie- und Echo-Liebe entfaltet eine nicht zu unterschätzende Macht.

Am Ende standen **Schmerz** und **Erniedrigung:** Warum setzt man für eine **Affäre alles aufs Spiel**?

Bill Clinton und Monica Lewinsky

Als er an seinem 49. Geburtstag die Kerzen auf dem Kuchen ausblies, hatte Bill Clinton schon vier Jahre voller öffentlicher Anfechtungen hinter sich. Einen weiteren privaten Skandal konnte er sich kaum leisten, doch nur wenige Wochen später ließ er sich auf eine Affäre ein, für die er einen hohen Preis zahlte.

Washington, D.C. im August 1995. Der amerikanische Präsident Bill Clinton schüttelt die Hände seiner Anhänger, die sich am Weg zu seinem Hubschrauber aufgestellt haben. Unter ihnen ist auch eine junge, attraktive Praktikantin aus dem Weißen Haus: Monica Lewinsky. Diese Szene wurde für die Nachwelt in Andrew Mortons Buch *Monica's Story* festgehalten: »Seine Persönlichkeit haute mich um … als er meine Hand schüttelte … verschwand die Menschenmenge und zwischen uns fand ein intensiver, aber kurzer sexueller Austausch statt.« Nachdem ihre Affäre begonnen hatte, sprach Clinton dieses Erlebnis ihr gegenüber noch einmal im Oval Office an: »Ich wusste, dass ich dich eines Tages küssen würde«, sagte er.

Eine starke Liebe

Traumatische Erlebnisse waren ein Bestandteil von Bill Clintons Leben. Sein Vater, W. J. Blythe II., starb drei Monate vor Bills Geburt bei einem Verkehrsunfall. Seine Mutter Virginia kehrte ins Haus ihrer Eltern nach Hope in Arkansas zurück, wo Bills Großmutter Edith mit eiserner Faust regierte. Bill war fünf Monate alt, als seine Mutter nach New Orleans zog, um dort eine Ausbildung zur Narkoseschwester zu absolvieren. Sie ließ ihn in der Obhut seiner Großeltern zurück.

Als Virginia nach Arkansas zurückkehrte, war Bill schon vier. Kurz darauf heiratete sie Roger Clinton, einen Autohändler. Die Familie zog nach Hot Springs und Bill erlebte eine neuerliche Trennung, nämlich die von seiner Großmutter, die er inzwischen sehr liebte. Roger Clinton war Alkoholiker und schlug seine Frau. Bill wurde zum Beschützer seiner Mutter. Zwischen den beiden entwickelte sich eine intensive emotionale Bindung. Mit 14 warnte Bill seinen Stiefvater davor, seine Mutter zu schlagen. Virginia ließ sich später von Roger scheiden und heiratete ihn einige Jahre später erneut – aus Mitleid, nicht aus Liebe, wie sie sagte.

Als Bill sechs oder sieben war, geschah ein weiteres Unglück: Seine Großmutter, nach einer Gehirnblutung mit Morphium behandelt, wurde abhängig. Man brachte sie in eine Anstalt. Der kleine Bill begleitete seine Mutter auf ihren Besuchen dort.

> *Hillary schlug Clinton ins Gesicht, als er ihr schließlich die* ***Wahrheit über Monica*** *gestand: »Mein Gott, Bill, wie konntest du nur* ***dafür alles aufs Spiel setzen****?«*

So ein Start ins Leben verheißt nichts Gutes für einen Menschen. Die Abwesenheit eines Elternteils während der prägenden Kinderjahre kann großen emotionalen Schaden anrichten und zu einem Mangel an Selbstsicherheit und Selbstvertrauen führen. Umso bemerkenswerter ist es, dass Bill es zum Präsidenten der Vereinigten Staaten von Amerika gebracht hat. Während seiner sechsjährigen Amtszeit mussten er und seine Frau Hillary sich mehrmals gegen den Vorwurf des Betrugs, der Korruption und der sexuellen Belästigung zur Wehr setzen. Angesichts dieser schmerzlichen Skandale und der öffentlichen Kritik scheint es unglaublich, dass Clinton im Weißen Haus auch noch eine Affäre hatte.

In seinem Buch *Hillary und Bill. Die Geschichte einer Ehe* schreibt Christopher Andersen, Hillary habe Clinton ins Gesicht geschlagen, als er ihr die Wahrheit über Monica Lewinsky gestand. »Mein Gott, Bill, wie konntest du nur dafür alles aufs Spiel setzen?« Diese Frage stellten sich viele. Was war der besondere Reiz, den Monica auf Clinton ausübte? Sie war eine attraktive junge Frau, aber sie war nicht zu vergleichen mit den anderen Schönheiten, die Clinton gekannt hatte. Erkannte er sich unbewusst selbst in ihr wieder (Echo-Beziehung)? Zog ihn ihr Aussehen an, sodass er sich in ihrer Nähe wohl fühlte (Harmonie-Beziehung)? Oder entstand durch ihre Ähnlichkeit mit seiner Mutter (Prima-copula-Beziehung) ein Sog, dem er nicht widerstehen konnte?

Im Februar 2002 konnte Monica frei über Ihre Affäre mit Clinton sprechen. In der Talkshow von Larry King wurde sie gefragt, wie sie sich gefühlt hätte, nachdem er öffentlich verkündet hatte, er hätte keine sexuelle Beziehung mit ihr gehabt. Sie sagte: »Ein Teil von mir war erleichtert, denn ich hoffte, er würde sein Amt behalten können. Aber es gab auch einen Teil in mir, der gekränkt war.« Ihr Verhalten gegenüber Clinton ist typisch für eine Echo-Beziehung: Sie wollte ihn nicht verletzen.

Echo-Elemente

Bei Echo-Partnern beruht die Anziehung meist auf Gegenseitigkeit, denn beide reagieren auf die merkliche Ähnlichkeit ihrer Gesichtszüge. Da unser Äußeres unser Innenleben widerspiegelt, besteht meist von vornherein ein gegenseitiges Verständnis. Auf den Fotos von Bill und Monica stimmen folgende Elemente überein:

- die Augenbrauen sind geschwungen
- die Umgebung der Augen ist leicht geschwollen
- die oberen Augenlider sind gleich geformt
- die Wangen sind ähnlich flächig
- neben der Nase sind tiefe Falten
- die Nasenwurzel ist gerundet und die Nasenlöcher sind gleichmäßig geformt
- die Unterlippe ist voll und steht leicht vor
- Kinn und Unterkiefer sind kräftig

Harmonie-Elemente

Bei einer Harmonie-Partnerschaft tun sich zwei Menschen mit ähnlichen Gesichtsproportionen zusammen. Sie sehen sich nicht ähnlich, fühlen sich aber vom Aussehen des anderen angezogen und sind gern mit ihm zusammen. Für Menschen mit wenig Selbstvertrauen ist es besonders wichtig, sich in Gegenwart des Partners körperlich wohl fühlen zu können. Monica war jung und litt noch unter einer Affäre mit einem verheirateten Mann. Clinton war auf dem Höhepunkt seiner Karriere, doch Traurigkeit war von Anfang an Bestandteil seines Lebens. Die Gemeinsamkeiten:

- kurze Nasen
- geringer Abstand zwischen Nase und Mund
- größerer Abstand zwischen Mund und Kinn
- die Unterkiefer sind gleich markant

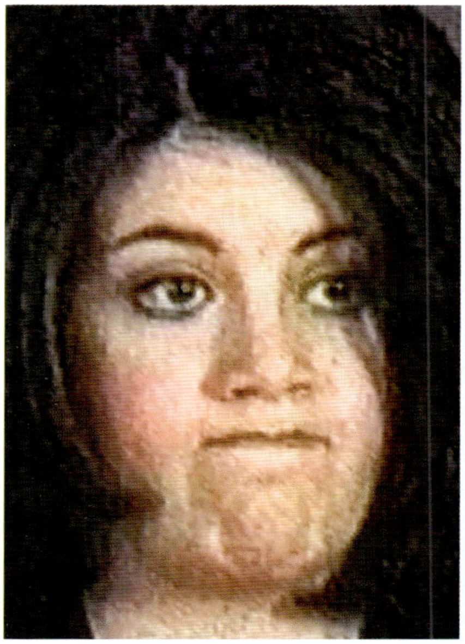

Visuelles Spiegeln

Normalerweise dauert es Jahre, bis Partner durch die körperliche und emotionale Nähe den Ausdruck des anderen spiegeln. Damit machen sie sich unbewusst ein Kompliment. Während ihrer Affäre, die vom November 1995 bis zum Mai 1997 dauerte, trafen sich Bill und Monica weniger als zwanzig Mal privat. Wie konnte sie in so kurzer Zeit seinen Gesichtsausdruck (linkes unteres Bild) annehmen? Möglicherweise sah sie sein Gesicht oft in den Medien, wo ausführlich über ihn berichtet wurde. Imitatoren gehen oft so vor, um sich den Ausdruck einer bestimmten Person anzueignen, doch bei Monica geschah das sicher unbewusst. Dass sie seinen Ausdruck spiegelte, war ein bewegendes Zeichen, das die Aufrichtigkeit ihrer Gefühle für ihn zeigte.

Die erste Bindung

Wenn ein Mann eine Frau kennen lernt, die seiner ersten Bezugsperson ähnelt (Prima copula), ist diese Beziehung einzigartig. Clintons Mutter Virginia (oben) war seine erste Bezugsperson.

Rechts ist die bemerkenswerte Ähnlichkeit zwischen ihr und Monica zu sehen:

- runde Gesicht, rundes Kinn und kurzer Hals
- weiter Augenabstand, ähnlicher Wimpernbogen
- kurze, breite Nase mit tiefen Falten rechts und links

- gleicher Abstand zwischen Nase und Schneidezähnen
- breiter Mund mit kaum wahrnehmbarer Unterbrechung in der Mitte der Oberlippe
- gleicher Abstand zwischen Mund und Kinnspitze.

Vielleicht war es diese Ähnlichkeit, die Monica für Clinton so attraktiv machte. Seine Mutter war im Vorjahr gestorben. Brachte diese Ähnlichkeit ihm die Erinnerung an seine Mutter zurück? Die visuellen Hinweise könnten die Antwort auf die anfangs gestellte Frage liefern.

Und

Sie?

Visuelle Muster könnten der Schlüssel zu einer glücklichen Beziehung sein. In diesem Kapitel lesen Sie, wie Sie den Anziehungsmustern in Ihrer Beziehung auf die Spur kommen können.

Woran erkenne ich, ob wir ein **Echo-Paar** sind?

Jeder kennt mindestens ein Paar, bei dem man sich fragt, was die beiden aneinander finden. Oft kann dieses Rätsel gelöst werden, wenn man die visuellen Anziehungsmuster kennt. Es ist jedoch selten auf den ersten Blick zu erkennen, in welche der Kategorien ein Paar gehört – und am schwierigsten ist das für die Betreffenden selbst. Um herauszufinden, was für ein Paar Sie und Ihr Partner sind, brauchen Sie zunächst Fotos von Ihnen beiden (siehe rechts). Es ist wichtig, dass Sie die Anleitungen auf den folgenden Seiten ganz genau befolgen.

So bekommen Sie geeignete Fotos

Richtig	**Falsch**
Seien Sie einfach Sie selbst – mit einem normalen, ganz entspannten Gesichtsausdruck.	Sie sollten für die Fotos nicht stark geschminkt sein – am besten tragen Sie gar kein Makeup.
Wenn Sie vor kurzem Ihre Augenbrauen durch Zupfen oder kosmetische Behandlungen verändert haben, sollten Sie ein älteres Foto verwenden.	Verändern Sie die Form Ihrer Augenbrauen nicht durch Nachzeichnen – das verfälscht ein außerordentlich wichtiges Merkmal.
Wählen Sie ein Foto aus, das Ihnen auch wirklich ähnlich sieht. Sie müssen nicht besonders vorteilhaft getroffen sein.	Erwarten Sie kein präzises Ergebnis, wenn die Form Ihrer Augen oder Lippen durch Schönheitsoperationen verändert wurde.
Verwenden Sie ein aktuelles Foto, es sei denn, Sie möchten ein älteres Foto mit einem genauso alten Foto Ihres Partners vergleichen.	Benutzen Sie kein Foto, das ungeliebte Gesichtszüge vertuscht. Genau diese können Sie in den Augen Ihres Partners zu jemand ganz Besonderem machen.

1. Schritt: Die richtigen Fotos

Zunächst brauchen Sie je zwei Fotos von sich und Ihrem Partner, eines, auf dem Sie lächeln, und eines mit ernstem Gesichtsausdruck. Die Fotos müssen auf Augenhöhe aufgenommen sein, so dass Sie beide aus genau der gleichen Perspektive gezeigt werden. Sie müssen direkt in die Kamera oder genau in dieselbe Richtung schauen.

Ernst

Es ist wichtig, dass auf beiden Fotos dieselben Lichtverhältnisse herrschen, daher sollten Sie sie am selben Ort aufnehmen. Am besten ist ein diffuses Licht, das keine starken Schatten wirft. Gut geeignet sind Fotos aus demselben Passbildautomaten.

Lächelnd

Hier gelten dieselben Regeln: frontal, in derselben Haltung, aus derselben Perspektive, mit denselben diffusen Lichtverhältnissen, aber mit einem Lächeln. Machen Sie die Fotos, bevor das Lächeln gezwungen wirkt, und lächeln Sie nicht so breit, dass Ihre Augen geschlossen sind.

Wenn Sie die Fotos haben, kann es losgehen . . .

2. Schritt: Die Größe der Fotos anpassen

Der Kopf der Frau ist wahrscheinlich kleiner als der des Mannes. Wenn Sie einen Computer haben, können Sie die Bilder einscannen und den kleineren Kopf vergrößern – aber nicht nur horizontal oder vertikal, die Proportionen müssen erhalten bleiben. Der Abstand von der Oberlippe bis zum Oberlid sollte auf beiden Fotos gleich groß sein. Verwenden Sie das ernste Foto, um den Abstand zu überprüfen. Sie können auch einen Kopierer benutzen. Dazu kaufen Sie sich eine durchsichtige Folie und einen geeigneten Stift. Pausen Sie die Umrisse des größeren Kopfs auf die Folie durch und legen Sie sie auf den kleineren Kopf. So sehen Sie, wie sehr Sie den kleineren Kopf mit dem Kopierer vergrößern müssen, damit beide Köpfe gleich groß sind. Legen Sie die Folie auf Ihre Fotokopie, um zu überprüfen, ob die Größe übereinstimmt.

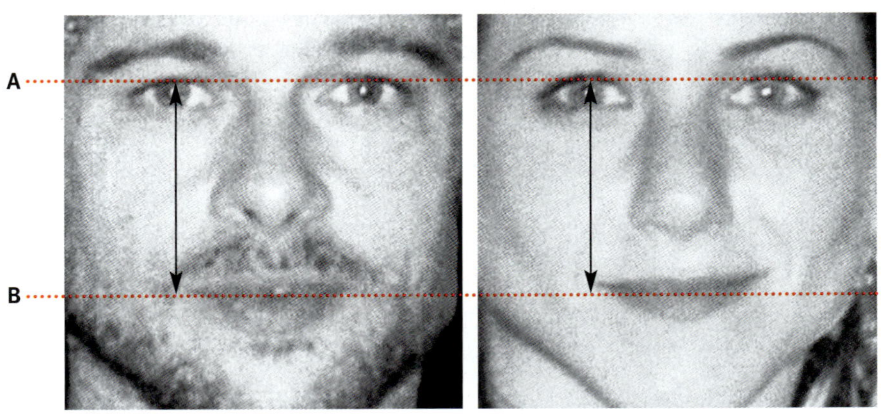

Wenn Sie das Foto richtig vergrößert haben, sollte der Abstand zwischen dem Oberlid über der Pupillenmitte (Linie A), und der Lippenlinie (Linie B) auf beiden Fotos gleich groß sein.

3. Schritt: Die Gesichtshälften aneinanderlegen

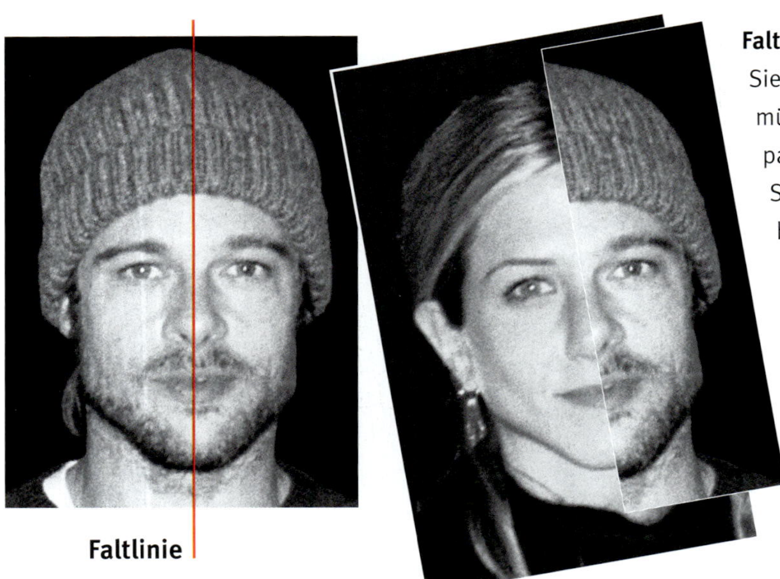

Falten Sie Ihr Foto in der Mitte und legen Sie es auf das Foto Ihres Partners. Eventuell müssen Sie es mehrmals falten, bis es passt. Probieren Sie aus, wie die rechte Seite Ihres Gesichtes zur linken Gesichtshälfte Ihres Partners passt und umgekehrt, bis Sie das beste Ergebnis erzielen.

Darauf sollten Sie achten:

- Ignorieren Sie die Nasen und die Länge des Kinns und der Stirn.
- Wenn die Fotos nicht zusammenpassen, verändern Sie die Größe.

4. Schritt: Die 3 Echo-Elemente

Wenn die Hälften der beiden Gesichter aneinander liegen, vergleichen Sie die Form der Augenbrauen, des Oberlids und der Oberlippe.

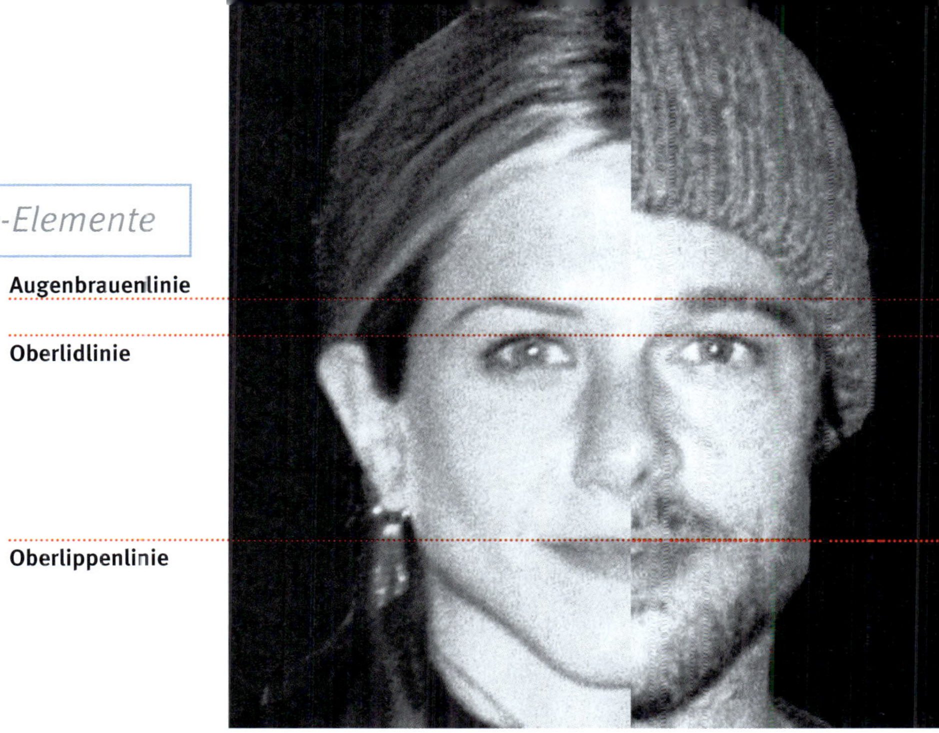

Darauf sollten Sie achten:

- Die Form von Braue und Oberlippe ist relevant, nicht Position oder Fülle.
- Testen Sie jeweils beide Gesichtshälften.

5. Schritt: Der zweite Test

Manchmal tritt die Ähnlichkeit um Mund und Augen deutlicher hervor, wenn der Test mit den lächelnden Fotos wiederholt wird. Manche Paare sehen sich beim Lächeln ähnlicher. Beachten Sie, dass die Form der Unterlippe keine Rolle spielt.

Die Schnellversion

Der Sonnenscheintest

Sehen Sie sich alte Fotos an, die bei Sonnenschein aufgenommen wurden – die Schatten verstärken die Konturen. Achten Sie auf die Schatten um die Augenlider, die einen Vergleich der Augenform erleichtern. Es ist wichtig, dass die Sonne im selben Winkel auf die Gesichter fällt.

Woran erkenne ich, ob wir ein **Harmonie-Paar** sind?

Harmonie-Elemente sind schwieriger zu entdecken als Echo-Elemente, da sich die Partner möglicherweise nicht ähnlich sehen. Gehen Sie nach der gleichen Methode vor wie beim Echo-Paar, bis zum 3. Schritt, falten Sie das Foto aber diesmal diagonal.

1. Schritt: Foto-Größe

Der Abstand zwischen dem oberen Augenlid und der Lippenlinie sollte gleich groß sein. Achten Sie darauf, dass die Münder auf den Fotos geschlossen sind, da sich sonst der Abstand zwischen Mund und Kinn verändert.

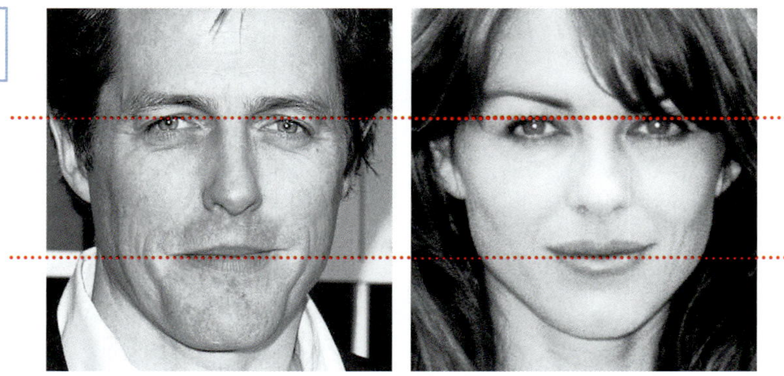

2. Schritt: Die Gesichtshälften aneinanderlegen

Falten Sie eines der Fotos diagonal und legen Sie es auf das andere. Falten Sie es an verschiedenen Stellen und probieren Sie beide Gesichtshälften aus. Die diagonale Linie sollte über die Stirn verlaufen und den Nasenflügel berühren, der eher weiches Gewebe als ein Teil des Knochenskeletts ist.

3. Schritt: Vergleichen

Vergleichen Sie die Gesichtsproportionen in den Bereichen, die durch die roten Linien markiert sind. Die Fotos müssen dieselbe Größe haben (vergleichen Sie Oberlid- und Lippenlinie).

Darauf sollten Sie achten:

- Abstand vom unteren Augenlid bis zur Nasenwurzel
- Abstand von der Nasenwurzel bis zur Lippenlinie
- Abstand von der Lippenlinie bis zur Unterkante des Kinns
- Messen Sie außerdem diagonal vom Unterlid bis zur Mitte der Lippenlinie.

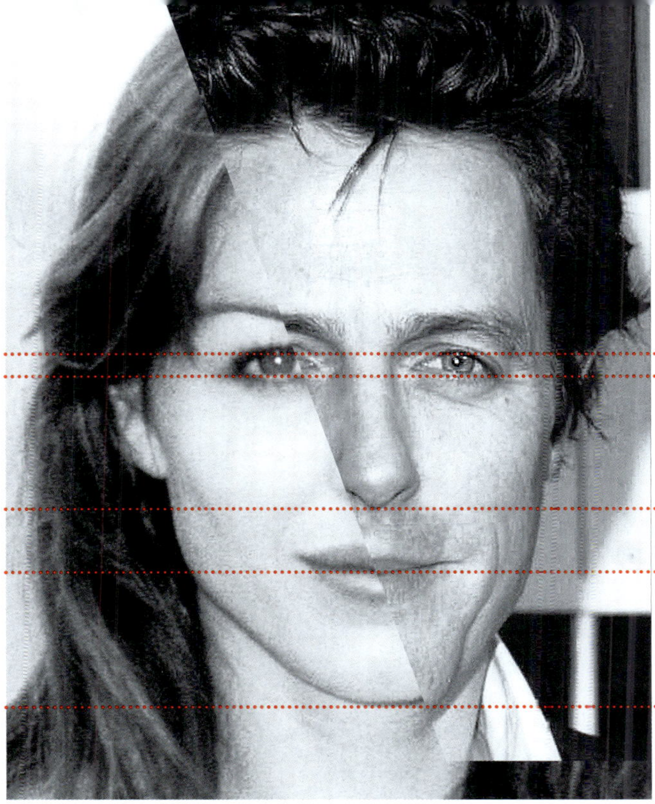

4. Schritt: Andere Perspektive

Es ist zwar schwieriger, die Gesichter im Halbprofil zu vergleichen, es gibt Ihnen aber auch hervorragende Hinweise. Bei dieser Perspektive sollte die Trennlinie besser vertikal als diagonal durch die Gesichter verlaufen.

Die Schnellversion

Der Wangenkonturtest

Wenn einer von Ihnen ein rundes Gesicht mit kurzem Kinn hat und der andere ein schmales Gesicht mit langem Kinn, können Sie keine Harmonie-Partner sein. Für einen Schnelltest drehen Sie Ihren Kopf, bis die Nase nicht mehr sichtbar ist. So erhalten Sie die Wangenkontur, anhand derer Sie auch den Umriss von Kinn und Stirn vergleichen können. Sehen sich die Partner aus dieser Perspektive ähnlich, sind sie wahrscheinlich ein Harmonie-Paar.

Der Frontaltest

Sie können das auch von vorne überprüfen. Wenn die Stirn und das Kinn auf beiden Fotos gleich groß erscheinen, deutet dies meist auf ein Harmonie-Paar hin.

Bin ich die Prima-copula-Partnerin?

Wenn ein Mann eine Frau kennen lernt, die seiner Mutter ähnlich sieht, fällt ihm das normalerweise auf und er spricht es vielleicht auch irgendwann an. Das heißt aber noch lange nicht, dass seine Mutter seine erste Bezugsperson war. Es könnte auch seine Großmutter, eine Tante, ein Kindermädchen oder ein Aupairmädchen die zentrale Rolle in seiner Kindheit gespielt haben. Sie müssen eventuell mehr über seine Familienverhältnisse in Erfahrung bringen, bevor Sie herausfinden, wem Sie vielleicht ähnlich sehen könnten.

1. Schritt: Erste Bindung finden

Wenn Sie herausfinden möchten, ob Sie seiner ersten Bezugsperson ähnlich sehen, suchen Sie nach Fotos aus seiner Kinderzeit. Die Frau sieht heute vielleicht ganz anders aus. Hochzeitsfotos und Tauffotos eignen sich hervorragend und wurden meist im Abstand von wenigen Jahren aufgenommen. Wenn nicht, dann seien Sie vorsichtig: Das Aussehen könnte sich in der Zwischenzeit verändert haben.

2. Schritt: Fotos machen

Sobald Sie einige geeignete Bilder seiner ersten Bezugsperson gefunden haben, nehmen Sie einige Fotos von sich aus derselben Perspektive auf. Achten Sie darauf, ob die betreffenden Bilder eher von oben oder von unten aufgenommen wurden, und versuchen Sie, dieselbe Kameraposition herzustellen. Sie sollten die Fotos der ersten Bezugsperson dafür zur Hand haben, um möglichst genau vergleichen zu können.

Tipps für den Vergleich

Fragen Sie sich, ob Sie ihr ähnlich sehen könnten, wenn Sie älter werden. Könnte sie Ihnen ähnlich gesehen haben, als sie jünger war?	Zögern Sie nicht, Ihren Partner zu fragen, ob und welche Ähnlichkeiten er sieht. Oft spielen sehr subjektive Einschätzungen eine Rolle.
Fragen Sie nach: Hat sie ihre Augenbrauen gezupft? Sind sie dadurch in ihrer Form verändert? Wenn ja, achten Sie beim Vergleich nur auf die Augenlider und die Lippenlinie.	Vergessen Sie nicht, dass es hier auf das Typische der Person ankommt. Dies kann häufig auch ohne das Heranziehen von Fotos beurteilt werden.

3. Schritt: Die Fotos anpassen und vergleichen

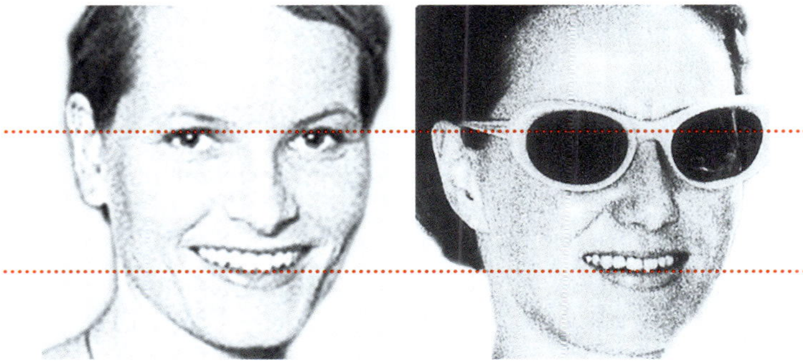

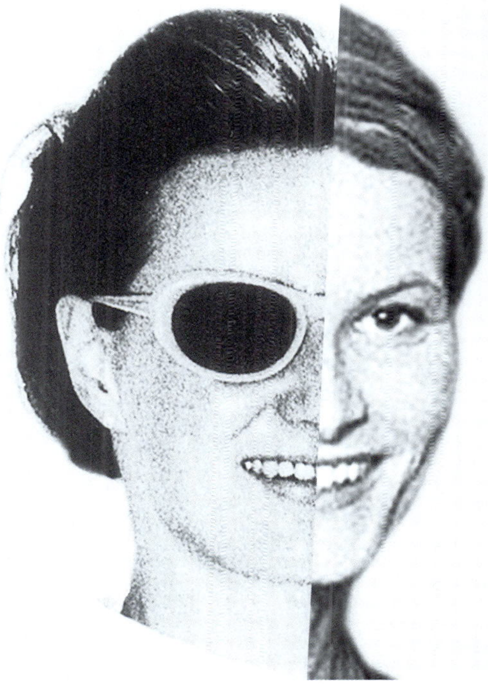

Gleichen Sie die Größe der Fotos an und vergleichen Sie den Schwung der Augenbrauen, das obere Augenlid und die Oberlippenlinie. Wenn die erste Bezugsperson eine Sonnenbrille trägt, müssen Sie sich auf die Lippenlinie verlassen. Verwenden Sie sowohl lächelnde als auch ernste Fotos, da das Charakteristische einer Person sich oft im Lächeln ausdrückt.

Darauf sollten Sie achten:

- Schnappschüsse und Urlaubsfotos verraten oft mehr über das Typische einer Person als gestellte Aufnahmen.

4. Schritt: Aktuelle Fotos verwenden

Wenn die erste Bezugsperson des Mannes noch lebt und sich ihr Erscheinungsbild nicht sehr verändert hat, können Sie aktuelle Fotos für den Vergleich verwenden. Wenn Sie bei einem Frontalvergleich keine Ähnlichkeit entdecken, können Sie Fotos aus verschiedenen Perspektiven machen, solange die Augen auf denselben Punkt fixiert sind. Die Ähnlichkeit zwischen Ihnen und der ersten Bezugsperson Ihres Partners kann sich überall im Gesicht finden.

5. Schritt: Der Dreifachtest

Um herauszufinden, ob Sie ein Prima-copula- und Echo-Paar sind (oder sogar alle drei Muster zutreffen, wie in den Fotos unten), müssen Sie Fotos von allen drei Personen vergleichen – von Ihnen, Ihrem Partner und seiner ersten Bezugsperson.

Darauf sollten Sie achten:

• Lassen Sie ein Foto machen, auf dem Sie, Ihr Partner und dessen erste Bezugsperson Seite an Seite im Sonnenlicht nebeneinander stehen, sodass die Konturen deutlich hervortreten.

Bin ich der Prima-copula-Partner?

Hier gelten dieselben Regeln wie für die Prima-copula-Partnerin (siehe Seite 172) – obwohl die Frage, ob die männliche erste Bezugsperson ihre Augenbrauen gezupft hat, überflüssig sein dürfte.

Eine Frau kann sich zu einem Mann hingezogen fühlen, der ihrer ersten männlichen Bezugsperson ähnelt. Um die Ähnlichkeit zu überprüfen, gehen Sie vor wie für die Partnerin beschrieben.

Verwenden Sie alte Fotos von der ersten Bezugsperson (ihr Vater?) aus der Zeit der Bindung, und vergleichen Sie sie mit einem Foto von sich, das aus derselben Perspektive aufgenommen wurde.

Wenn sich das Gesicht der ersten Bezugsperson im Laufe der Jahre nicht sonderlich verändert hat, können Sie auch neue Fotos machen. So können Sie beide Gesichter aus unterschiedlichen Perspektiven vergleichen, den Blick nach links und rechts gerichtet, im Halbprofil, den Kopf leicht nach oben und nach unten geneigt. Denken Sie daran, dass die Augen immer denselben Punkt fixieren sollten.

Zusammenfassung

Am Anfang dieses Buches wurden die drei visuellen Anziehungsmuster erklärt – Echo, Harmonie und Prima copula – sowie die nicht visuelle Kategorie, die wachsende Zuneigung. Diese langsame Liebe wächst mit der Zeit. Dadurch hat man die Möglichkeit, den Partner gut kennen zu lernen. Sie lernen die persönlichen Qualitäten des anderen schätzen, und die Liebe entwickelt sich »von innen nach außen«. Die meisten Menschen haben diese Möglichkeit nicht, wenn Sie sich kennen lernen. Unsere Gesellschaft ist visuell orientiert, und alle Reaktionen laufen normalerweise sehr schnell ab. Doch wie dieses Buch zeigt, basiert die Bedeutung des Visuellen, wenn es um die Liebe geht, auf etwas Tieferem. Wir fühlen uns zu demjenigen hingezogen, dessen Gesichtsproportionen unseren ähneln, dessen Gesichtszüge die unseren widerspiegeln oder dessen Aussehen in uns eine Erinnerung an unsere erste Bezugsperson weckt.

Was verraten Fotos wirklich? Können sie uns dabei helfen, die Dynamik in unserer Familie zu verstehen? Liegt die Echo-Liebe, die enge Freundschaft zwischen ähnlichen Menschen, in der Familie? Können wir die Beziehungen unserer Großeltern, Tanten und Onkel mit dem Wissen über die Information, die ihre Gesichter preisgeben, besser verstehen? Vielleicht möchten Sie mithilfe dieses Buches nicht nur Ihre eigene Partnerschaft, sondern auch andere Beziehungen innerhalb Ihrer Familie analysieren.

Auch wenn es aufregend ist, seinen Echo-Partner, Harmonie-Partner oder Prima-copula-Partner zu finden, dürfen Sie dabei nicht Ihr kritisches Urteilsvermögen verlieren. Sie sollten über die visuellen Ähnlichkeiten mit Ihrem Partner nicht seinen Charakter außer Acht lassen. Nur weil sich Ihre Gesichtszüge ähneln, muss jemand nicht zwangsläufig auch Ihre charakterlichen Eigenschaften wie Freundlichkeit oder Integrität besitzen. Achten Sie auch auf die Bereitschaft zu Dominanz oder Unterordnung, die sich am Kinn zeigt (siehe Seite 32–33) und das Gleichgewicht der Macht in Beziehungen beeinflusst. Erlaubt Ihnen Ihr Partner, die Führung zu übernehmen oder sich anzulehnen, so wie Sie es möchten? Oft versuchen Menschen sich zu verändern, um den vermeintlichen Anforderungen des Partners zu genügen. Wenn zwei Menschen zusammenpassen, muss sich keiner von beiden verstellen. Man liebt und wird vom anderen geliebt, wie man ist. Die angenehme Erfahrung, ganz man selbst sein zu können, ist möglicherweise das größte Geschenk einer wahren Liebe.

Dank der Autorin

Ein Teil des Vergnügens, dieses Buch zu schreiben, besteht in der Gelegenheit, mich bei allen zu bedanken, die zu seiner Veröffentlichung beigetragen haben. Ich möchte Mary-Clare Jerram für ihre Begeisterung und ihr Vertrauen danken, Gillian Roberts für ihr wunderbares Talent, mit Worten umzugehen, Diana Rayner für ihre Professionalität, Karen Sawyer für ihre Geduld und ihren Fleiß, Jo Grey und Mel Watson für ihre gründliche Arbeit und Catherine Bell, Serena Stent und Antony Melville für ihre Ermutigungen. Vielen Dank auch an Vladek, der mir dabei half, das Buch in seine ursprüngliche Form zu bringen. Ich möchte John und Audi Bayley und Rhianon Trowell für ihre Hilfe danken. Ich möchte mich bei meiner Familie bedanken und ich danke Sarat und Anita für ihre Hilfe und Unterstützung; Danke auch an Dave Thompson und Lelina Rafique. Ein besonderer Dank an Richard Lowe für seine Hilfe und für seine Kommentare zum Manuskript. Ich kann mich wirklich glücklich schätzen, den wunderbaren Robert Kirby bei PFD als Agenten zu haben.

Bildnachweis

Dorling Kindersley dankt den folgenden Personen und Unternehmen für die Genehmigung zum Abdruck ihrer Bilder.
(o=oben, u=unten, M=Mitte, l=links, r=rechts)

All Action 163 Ausschnitt
Alpha Press, London 31, 88–89, 126; Dave Benett 32 r, 74 o; Karwai Tang 82; Nina Prommer/Globe 32 l
Associated Press AP 77 o, 124 or & ur, 16 or & ol, 161–163
Atlantic Syndication 90–91
John Bayley 97–98
Big Pictures 30 ur, Mor & ol, 80, 85 u
Bridgeman Art Library, London/New York 106–109, 134 M & ol
Camera Press, London Keystone 59, 169 ur; Mark Shenley 43 r & ul; Scanpix 152–153, 154 ol, or, Mu & Mur, 173 ol, or, ul & ur; Stewart Mark 148; Tom Hanley 73; Theodore Wood 26 r, 27 r, 170 or, Mu, 171 ol
Corbis Umschlagbilder; 112 M & ul; Bob Linder/Corbis Sygma 79 M & Ml, 167 ur, 169 ul
Hulton Archive/Getty Images 2 ol, Mr & ul, 52–55, 62 r & ul, 63 M & or, 65, 68 M & ul, 69–72, 84 o, 85 o, 116, 117 M & ur, 118 l, 119 ol & ur, 124 ol & ul, 134 r & ul, 135, 137, 140, 151 Mo & ul , 154 Mo, ul & Mur, 173 Mo
In-Focus Photographic Agency Richard Maw 22 o, 23 r
Katz/FSP 114 l
Kobal Collection 129 r
Korpa Press/Pep Bosch 112 o & ur
London Features International CPS/LFI 2 or & Mu, 76, 77 u, 142 r; David Fisher/LFI 40 r, 41 r, 122 r, 142 l, 160 M & ul; David Koppel/LFI 92 ol & Mor; Gregg de Guire 28 Ml & r, 83, 84 u, 171 ur; Kevin Mazur-Umaz/LFI 92 ul & ur; Marc Larkin/LFI 93 Ml & r; Nicolas Khayat/ABACA/LFI 40 l, 41 l; Desmond O'Neill: 118 r, 119 or & ul, 120, 121 l
Press Association Photos 2 Ml & ur, 18 l, 20 M & ul, 21 l, 22 u, 23 l, 24 l, 30 Mol, or & ul, 42, 43 M & ol, 46–50, 58, 62 or & M, 63 r & ul, 74 u, 92 Mo & or, 93 ul & Mor, 113, 114 r, 121 r, 122 l, 151 ol, or, Mu & ur
Popperfoto.com 141
Retna Pictures Ltd Steve Granitz 2 M, 146 l, 147 r
Reuters 79 ul & ur, 167 ul, 169 Mu
Rex Features Araldo di Crollalanza 28 l & Mr, 171 ul; Consolidated News 159 r & ul; David Hartley 24 r; Erik Pendzich 26 ol & ul, 27 l, 159 M & ol, 170 ol, ul, Mul & ur, 171 or; Jason Shillingford 78, 79 o; 167 o, 168, 169 o; Malcolm Gilson 64 l; Matt Baron 81; Mike Webster 149 M & ul; Richard Young 146 r, 147 l, 149 r & ol; Rooke/Kyriacou 155, 174
Sipa Press 66, 125, 150; Snap 68 o & ur, 132
Stills Press Agency 130 r, 131 r; Tim Rooke 2 Mo, 18 r, 20 r & ol, 21 ur, 117 o & ul; Tony Larkin 64 r
Rhianon Trowell & Marian Mastroianni 128, 129 , 130 l, 131 l
UKPress 75

Zitate

S. 11 *Falling in Love* Ayala Malach Pines (Routledge, London, 2000)
S. 62 *The Path to Power* Margaret Thatcher (HarperCollins, London, 1996)
S. 65 *Erinnerungen* Michail Gorbatschow (Goldmann, München, 1996)
S. 96 *Elegie für Iris* John Bayley (DTV, München, 2002)
S. 117 *The Prince of Wales: A Biography* Jonathan Dimbleby (Time Warner Books UK, London, 1995)
S. 125 *The Kennedy Curse: Why America's First Family Has Been Haunted by Tragedy for 150 Years* Edward Klein (Saint Martin's Press, New York, 2003)
S. 127 *Richard Burton: A Brother Remembered* David Jenkins (Arrow, London, 1994)
S. 128 *A Christmas Story* Richard Burton (Hodder & Stoughton, London, 1989)
S. 157 *Monica Lewinsky. Ihre wahre Geschichte* Andrew Morton (Ullstein, Berlin, 1999)
S. 158 *Hillary und Bill. Die Geschichte einer Ehe* Christopher P. Andersen (Marion von Schröder, München, 1999)